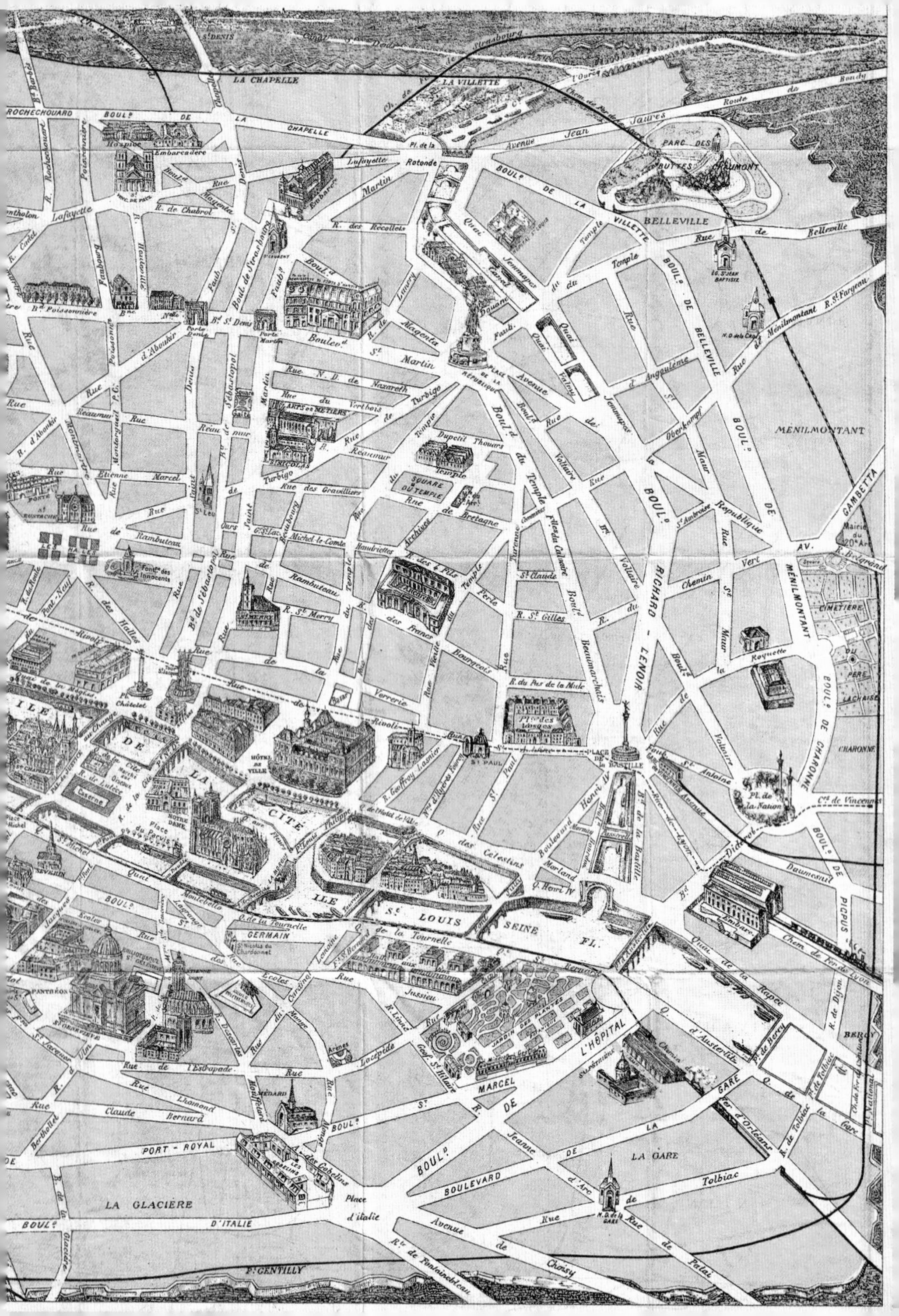

LA CHAPELLE
LA VILLETTE
BOUL^d DE LA CHAPELLE
ROCHECHOUARD
Hospice
Embarcadère
Pl. de la Rotonde
Lafayette
Avenue Jean Jaurès
PARC DES BUTTES CHAUMONT
BOUL^d DE LA VILLETTE
BELLEVILLE
Rue de Belleville
Route de Bondy
R. de Chabrol
R. des Récollets
Quai Jemmapes
Canal
Boul. de Strasbourg
Faub. St Denis
Faub. St Martin
B^d Poissonnière
B^d St Denis
Porte Denis
Porte Martin
Boulev^d St Martin
R. de Magenta
R. de Lancry
Douane
Rue du Temple
BOUL^d DE BELLEVILLE
Boul^d de Ménilmontant
R. St Fargeau
ÉG. ST JEAN BAPTISTE
N.D. de la Croix
MÉNILMONTANT
PLACE DE LA RÉPUBLIQUE
Avenue Quai Valmy
Rue d'Angoulême
Rue N.D. de Nazareth
Rue du Vertbois
ARTS ET MÉTIERS
Turbigo
Rue Réaumur
Dupetit Thouars
Temple
SQUARE DU TEMPLE
Rue de Bretagne
Rue des Gravilliers
Rue Oberkampf
Maur
BOUL^d RICHARD - LENOIR
Rue St Ambroise
Republique
GAMBETTA
Mairie du 20e Arr^t
AV.
R. Belgrand
Chemin Vert
CIMETIÈRE DU PÈRE LACHAISE
CHARONNE
Rue Montmartre
Rue Montorgueil
Rue Étienne Marcel
St Eustache
Rue Rambuteau
HALLES
Fontaine des Innocents
St Leu
Rue Michel-le-Comte
Haudriettes
Archives
R. des 4 Fils
Rue Vieille du Temple
R. St Merry
R. des Francs Bourgeois
R. St Claude
R. St Gilles
Beaumarchais
R. du Pas de la Mule
Pl. des Vosges
Rue de Rivoli
Rue de la Verrerie
Rue des Halles
Pont-Neuf
Pl. du Châtelet
Tour St Jacques
HÔTEL DE VILLE
St PAUL
PLACE DE LA BASTILLE
Faub. St Antoine
Rue de la Roquette
Boul^d Voltaire
Pl. de la Nation
Cours de Vincennes
BOUL^d DE CHARONNE
ILE DE LA CITÉ
Au Change
Marché aux Fleurs
Caserne
NOTRE DAME
Place du Parvis
Place St Michel
St SÉVERIN
Quai St Michel
R. Geoffroy Lasnier
Q. des Célestins
Boulevard Henri IV
Morland
Q. Henri IV
B^d de la Bastille
Avenue Ledru-Rollin
Diderot
Daumesnil
BOUL^d DE PICPUS
Embarc.
Chem. de Fer de Lyon
ILE St LOUIS
SEINE FL.
Q. de la Tournelle
BOUL^d St GERMAIN
Rue des Écoles
St Nicolas du Chardonnet
PANTHÉON
BIBLIOTHÈQUE St GENEVIÈVE
Rue du Cardinal Lemoine
Rue Jussieu
R. Linné
JARDIN DES PLANTES
L'HÔPITAL
Q. d'Austerlitz
Quai de la Rapée
R. de Dijon
BERCY
Pt. de Bercy
Pt. de Tolbiac
Salpêtrière
GARE
Chemin de Fer d'Orléans
Rue de l'Estrapade
Rue Lhomond
Arènes
Lacépède
St MÉDARD
Mouffetard
Monge
Rue Claude Bernard
BOUL^d St MARCEL
BOUL^d PORT - ROYAL
Av. des Gobelins
LES GOBELINS
BOUL^d DE LA GARE
R. de Tolbiac
LA GLACIÈRE
Place d'Italie
BOULEVARD D'ITALIE
BOULEVARD Tolbiac
Avenue de Choisy
R^te de Fontainebleau
Rue Jeanne d'Arc
N.D. de la GARE
Rue de Patay
F^t GENTILLY
R. de la Glacière

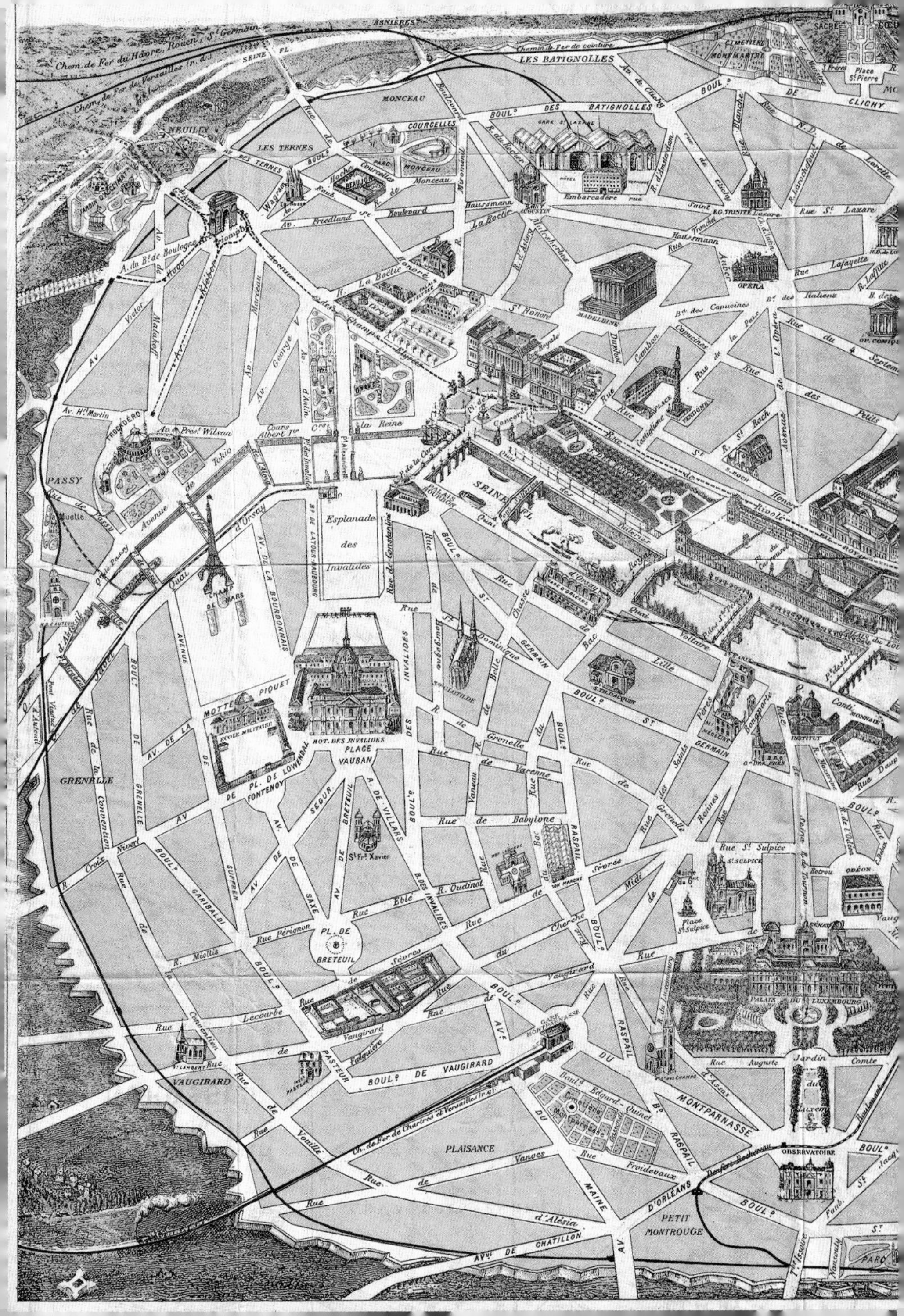
ASNIÈRES
Chem. de Fer du Hâvre, Rouen, St Germain
Chem. de Fer de Versailles (r. d.)
SEINE FL.
NEUILLY
Chemin de Fer de ceinture
CIMETIÈRE MONTMARTRE
SACRÉ
LES BATIGNOLLES
BOULD DES BATIGNOLLES
MONCEAU
COURCELLES
LES TERNES
AV. DES TERNES
PARC MONCEAU
GARE ST LAZARE
Embarcadère
ST AUGUSTIN
EG. TRINITÉ
OPÉRA
MADELEINE
Bd des Capucines
Bd des Italiens
OP. COMIQUE
Av. Friedland
Boulevard Haussmann
Rue Lafayette
Arc de Triomphe
A. du Bd de Boulogne
Av. Victor Hugo
Av. Kléber
Av. Marceau
Av. George V
Av. Hri Martin
TROCADÉRO
Av. Prés. Wilson
Av. de Tokio
Cours Albert Ier
Cours la Reine
Pt Alexandre III
Champs Élysées
Pl. de la Concorde
PLACE VENDÔME
Rue de Rivoli
Rue St Honoré
PASSY
Muette
Rue de Passy
Quai d'Orsay
PALAIS BOURBON
SEINE FL.
Esplanade des Invalides
CHAMP DE MARS
AV. DE LA BOURDONNAIS
Rue de Constantine
Rue de l'Université
Rue St Dominique
Bd St Germain
STE CLOTILDE
GARE D'ORLÉANS
INSTITUT
MONNAIE
ST GERMAIN DES PRÉS
Rue de Grenelle
Rue de Varenne
Rue de Babylone
Rue du Bac
HOT. DES INVALIDES
PLACE VAUBAN
PL. DE LOWENDAL
ÉCOLE MILITAIRE
AV. DE LA MOTTE PIQUET
Av. de Ségur
Av. de Breteuil
A. de Villars
Boulevard des Invalides
Boul. Raspail
Rue de Sèvres
BON MARCHÉ
St Frs Xavier
GRENELLE
Rue de la Convention
Boul. de Grenelle
Av. de Suffren
Av. de Saxe
Boul. Garibaldi
Rue Lecourbe
PL. DE BRETEUIL
Rue Pérignon
R. Miollis
Rue Oudinot
Rue Eblé
Rue du Cherche Midi
Rue de Vaugirard
ST SULPICE
Rue St Sulpice
Place St Sulpice
Mairie du 6e
ODÉON
PALAIS DU LUXEMBOURG
Jardin du Luxembourg
GARE MONTPARNASSE
Boul. du Montparnasse
Boul. Edgard-Quinet
Cimetière Montparnasse
ST LAMBERT
VAUGIRARD
BOULD DE VAUGIRARD
Bd Pasteur
INST. PASTEUR
Rue Falguière
Ch. de Fer de Chartres et Versailles (r. g.)
PLAISANCE
Rue de Vanves
Rue Froidevaux
Av. du Maine
Rue d'Alésia
AV. DE CHATILLON
AV. D'ORLÉANS
PETIT MONTROUGE
Denfert Rochereau
OBSERVATOIRE
Rue de Vouillé
PARC

spot

context is all

SPOT 5

歐美漫遊錄——九十年前民初才女的背包旅行記

作者：呂碧城
點校：韓衛衛
插畫：Debby W∞
責任編輯：冼懿穎
美術編輯：BEATNIKS
封面設計：蔡南昇
校對：呂佳真

法律顧問：全理法律事務所董安丹律師
出版者：英屬蓋曼群島商網路與書股份有限公司台灣分公司
發行：大塊文化出版股份有限公司
台北市10550南京東路四段25號11樓
www.locuspublishing.com
TEL：(02) 8712-3898　FAX：(02) 8712-3897
讀者服務專線：0800-006689
郵撥帳號：18955675　戶名：大塊文化出版股份有限公司

總經銷：大和書報圖書股份有限公司
地址：新北市新莊區五工五路2號
TEL：(02) 8990-2588　FAX：(02) 2290-1658
製版：瑞豐實業股份有限公司

初版一刷：2013年10月
定價：新台幣 250 元
ISBN：978-986-6841-47-7

歐美漫遊錄

九十年前民初才女的背包旅行記

呂碧城

恰似飛鴻踏雪泥——民國才女呂碧城與她的時代足跡[1]

中研院文哲研究所研究員兼所長　胡曉真

民國才女呂碧城（一八八三—一九四三）才情絕世，一幀傳世的霓裳羽衣照片[2]，準確傳達了她前半生如孔雀般顧盼自賞的崛然身影。碧城由晚清跨入民國，一生波瀾壯闊。她本是安徽世家閨秀，少年喪父後隨母親寄居舅父家。二十歲離家出走，因受《大公報》創辦人英斂之（一八六七—一九二六）的賞識，一夕躍身為名動京津的才女，不但作品譽滿天下，與當代文化名人論交，又以二十三歲之齡，出任北洋女子師範學堂校長。一九二〇年，即五四新文化運動後一年，她跨洋赴美留學，在哥倫比亞大學旁聽，數年後回國，活躍於上海，憑藉自己經商所得的財富，一擲千金，儼然社交名媛。呂碧城的前半生，高潮迭起，戲劇性特別高，可惜此處不及詳述，幸好近年出版了幾本有關呂碧城的書籍，網路資料更是汗牛充棟，讀者自可求索。一九二六年開始，碧城隻身遊歷歐美，後選擇居留瑞士，直至一九三三年回國，定居北京。《歐美漫遊錄》（又名《鴻雪因緣》）中的文章即是一九二六至三〇年時期的見聞紀錄。不過中年以後的呂碧城潛心皈依，最後的棲止之地是香港的寶蓮禪院，辭世時，二次世界大戰方殷，可謂死於憂患。呂碧城少年喪父，青年隻身逃家，之後多年流轉於天津、美國、上海、歐洲、北京、香港等地，深於情卻一生未婚，亦未曾發展長期的感情關係，與原本至親的二姊呂美蓀決裂，又經歷革命、北伐、抗戰等中國近代史上的動盪時期，無怪她在作品中屢屢表達飄零無家的感嘆。歐美之行是一場漫遊，而碧城的人生亦是一段鴻雪因緣，不過偶然在世間留下指爪之跡而已。或者可說，這正是作者以兩種交疊的書名為自己下的註腳。

我們往往以為世紀之交具有歷史的關鍵性，其實這種意義大率是被後人詮釋、創造出來的。不過，二十世紀初，在東西方歷史上確實都是風起雲湧的轉折時代。清末到民國初年之百花齊放與亂象紛陳，適在此時（辛亥革命，一九一一；討袁護國戰爭，一九一五；北伐，一九二六—二八）；中國傳統文化／古典文學與新文化／新文學的衝撞交接，應時而起（五四新文化運動，一九一九）；歐戰（第一次世界大戰，一九一四—一八）之爆發，戰後美國二〇年代的瞬華榮景，亦在此時。而這也恰是呂碧城最活躍的一段時間。雖然大環境如此狂躁，碧城又有衝決網羅的個性，但她在文學創作方面卻似乎遺世獨立，一貫堅持以「舊」文體寫作，主張不可以白話取代文言（可參本書〈國立機關應禁用英文〉一文），自己最投入的寫作也始終是幽婉的傳統詞體。因此，她常被歸類為文學上的守舊分子，其才情雖然世所公認，文學成就卻不無爭議。不少批評家固然欣賞碧城詞，稱許她能將歐美見聞等新的題材融入作品，為詞這種舊文體開拓新的境界，但又不免遺憾她在文學形式與感知方式上，畢竟受制於古典傳統，而不能昂然進入現代文學的新天地。的確，呂碧城在行為處事上的特立獨行，與她對傳統文學體裁的堅守頗有點背道而馳。然而，我們亦不妨反過來思考，站在如此強大的所謂新時代洪流中，要不是冥頑無感，那就必須像呂碧城有這般不馴的執性，才能「堅守」某種信念。由這個角度看，五四新文化運動是一九一九年，呂碧城一九二六年才開始在報刊上發表《歐美漫遊錄》，魯迅的《吶喊》、《彷徨》都完成了，胡適的《白話文學史》上卷不到兩年也將出版，但碧城仍然漫遊文言世界，特別是寫景色時更沉醉於文詞雕琢、典故排比的美文，這種文字上的執著（甚至可說偏執）本身便是一種姿態與身段，彰示著她的文化選擇，也是她對應時代的方式。

然而，碧城強烈的文化認同，恐不免愈發加深身世飄零的感覺。碧城漫遊歐美的二〇年代後半，在國內正發生北伐戰爭，她一路所遊覽、居停的西方世界，特別是美國的紐約、芝加哥，以及經濟上猶待自歐戰創傷復原的倫敦、巴黎等大城市，則正經歷狂囂年代（The Roaring Twenties）中失落的一代（Lost Generation）的精神「荒原」。狂囂的二〇年代，即二〇一三年春天好萊塢重拍美國經典小說《大亨小傳》描寫的時代，本書讀者亦不妨由電影畫面去捕捉那瀰漫著頹廢、放縱、腐朽之氣的感官世界背後的心靈荒寂，與紙醉金迷、自我放逐、與傳統斷裂的暈眩感。這也是電影工業大幅飛躍的時代，明星光環盛極一時，所以旅程之初，碧城亦曾暢遊好萊塢，觀覽眾星宅邸。由碧城藻麗的描寫文字，我們可以體會她如何幻想熠熠星光的絢爛世界，甚至早逝的巨星范倫鐵諾（Rudolph Valentino, 1895 - 1926），都在她的自由聯想中翩然入夢（見四十七頁）。在倫敦、巴黎的城市景觀與文化氛圍的描述中，字裡行間也透露了作者對繁華場的盎然興致。然而，讀者不難發現，隨著寄旅的時間推進，碧城對俗世、人事都逐漸疏離甚至厭棄。她選擇卜居瑞士的山光水色之間，而非返回大城如巴黎長住，恰恰說明此一心境上的轉變。有時，天候環境也影響她的心情，例如碧城在倫敦停留較長時間，遊記中介紹了不少各博物館的藝術收藏與歷史文物，甚至還轉述倫敦報章上刊登的奇人異事，但她始終不習慣倫敦的天氣，特別是當時的倫敦空氣品質不佳，「霧重如濃煙」，到了令人「目痛喉癢」的地步。而歲暮之際，苦於晝短夜長，碧城更覺得「人事蕭條，島氣常陰，樓深晝晦」，因而感嘆自己在此無異「斷送韶華」，這就頗有點憂鬱的氣象了。再加上飲食不慣，好不容易找到賣火鍋的日本餐館，幾片雪白豆腐，令獨遊「夷邦」的呂碧城驚為雋品，但卻價重如金，怎不叫人心緒擾亂，鄉情滋蔓呢？即便是今日，我們若在陰寒的冬季隻身旅次倫敦，發現下午四點半已經天黑，中國城一盤清炒蔬菜的價格是台灣的十倍以上，恐怕就能體貼呂碧城的心境了吧？客中環境既已孤涼，又逢連番接獲國內戰禍不斷的消息，倍加傷情，難怪碧城困於憂懷愁思，無法排解。

旅途心緒並非一個愁字了得，呂碧城除了不時以她最熟悉的詩詞表述感情外，在遊記中也以敘事方式巧妙傳達，動人心弦，而碧城又營造或者極冷清、或者極熱鬧的場景，讓自己的身影形象更加突出。姑舉兩個例子。在描寫倫敦旅況的枯寂後，碧城敘述自己在農曆除夕時，特別打扮，穿著「黑緞平金繡鶴」的晚禮服（「平金」是金線與絲線交錯的一種繡法）與金縷鞋，還戴上珠冠，自戀地說自己「胡天胡帝」（意思可不是昏天暗地的胡鬧，而是說形貌美麗崇高，有如天神一般）。但沒有團圓飯可吃，而是獨自在旅館的餐廳用一個人的年夜飯，還自我解嘲的說戴上珠冠猶如「自由加冕」，更理想的是不必像歷代帝王一樣流血斷頭。這段描寫的影像效果很強，盛裝的碧城以東方天神的形象降臨，卻錯置在西方舞台之上，扞格不入，只能孤芳自賞。相反的，在居留瑞士期間，碧城曾大篇幅描寫每年六月在日內瓦舉行的「百花會」，說到這個活動具有極高的藝術性，盡善盡美猶勝於巴黎的嘉年華會。不過，她特別描寫的，不是白天的活動，而是入夜之後喧囂中的旅人心事。冬日倫敦的孤寂固然讓人心如寒灰，但六月繁花似錦的日內瓦，更令人心碎。呂碧城說得很直接：「孤客而處繁鬧之場，則愈感寂悶」。白天也就罷了，到了晚上，夜不能寐，而滿街猶是鼓樂喧天，碧城形容自己的感覺就像是被四面楚歌包圍了一般難耐。於是，她選擇加入歡鬧之局，上街跟遊人大玩互相丟擲彩色剪紙的遊戲。第一天晚上準備不周，裝備不全，不敵攻擊，草草大敗逃歸；第二天晚上整軍再戰，奮勇追擊，戰況激烈，紛紛紙片甚至飛進了嘴巴裡。最後在腹背受敵之下，情急的呂碧城把整籃彩紙都倒在敵人頭上，這才棄甲曳兵而走，引得圍觀眾遊人大笑。這段敘述十分生動，讀來讓人不由得想像獨自一人在倫敦旅館，固執地穿戴珠冠金履的胡天胡帝呂碧城，在這裡如何拋開身段，像孩子般在人群中追趕著、忘情地拋撒著彩紙！我們無疑可以代入自己異地旅行時參加節慶活動的經驗，而付諸會心一笑。然而，別忘了碧城已告訴讀者，這盡興狂歡的女主人翁，其實是「百憂駢集之身」。旅途的孤寂因繁鬧場面而加劇，內心的憂懷在外在的歡樂襯托下更形凸顯。碧城說，這百花彩紙大戰其實是一場「啞戰」，因為滿街追逐的遊人雖然叫鬧歡笑，彼此卻不交談。正因如此，語言、文化的隔閡不再重要，遠客在異邦也能開放自我，融入環境。但「百花會之夜遊」這一節的結尾，碧城也說得明白：「是夕之遊，不啻夢境也。」呂碧城的身世飄零，文化認同，旅途鄉情，孤芳自賞，只能在這狂歡的夢境中暫時解放。

那麼，一名中國女性在一九二〇年代獨自漫遊歐美，這件事究竟有多特別呢？這就必須再次把呂碧城放在她的時代脈絡裡考慮。

在歐美世界，二〇年代是旅遊業飛躍的時期，原本只有少數的社會精英有機會跨國旅遊，現在則日漸普及。呂碧城的漫遊，可謂躬逢其盛。她一路所搭乘的跨洋輪船與飛機，所借重的旅遊服務如「柯克」（Thomas Cook & Son）及「美國通運」（American Express），都為她提供極大的便利。呂碧城一開始就說，她的遊記可作為國人出國之參考，可見她預期國內人士也有機會像她一樣旅遊。一九二七年開始，上海商業儲蓄銀行所設「旅行部」開始出版《旅行雜誌》（一九二七至五四，共二十八卷），為中國讀者提供各種國內外旅行的資訊。這份雜誌是二〇年代上海消費文化的產物，創辦人陳光甫必然敏銳地感知旅遊業未來前景看好，不但創辦雜誌，還於同年由「旅行部」正式向交通部申請成立「中國旅行社」，這正是中華民國第一家旅行社。於此可見現代中國在旅遊的發展上並不落於人後。尤其有趣的是，民國十八年（一九二九年），也就是呂碧城仍在「漫遊」時期，三卷六號的《旅行雜誌》宣布他們贊助了一位年輕女性進行長途旅行。編者是這麼說的：「本期……〈西行日記〉……作者陳芳廛女士。女士由本社招待，以一孤身女子，由上海北渡東黃二海，往東三省，取道西伯利亞鐵路而趨法之巴黎。長征數萬里，費時數十日。其勇敢冒險之精神為何如耶？國中淑媛，其有聞風興起者乎？」陳芳廛即是陳學昭。陳學昭（一九〇六—一九九一）是五四時期的著名女作家，年輩晚於呂碧城甚多，文化認同與政治傾向也大不相同。她在一九二七年到法國留學，一九三五年獲得博士學位，早年曾為天津《大公報》擔任駐歐記者，後來當過延安《解放日報》副刊編輯，是共產黨員，最後在中華人民共和國擔任政協委員。《旅行雜誌》贊助陳學昭，當然可視為一高明的廣告，號召國內的女性聞風效法。然而，陳學昭的旅行被形容為「長征」，強調她冒險犯難的精神，訴求「進步」的女性。陳學昭的勇敢旅人形象與那霓裳羽衣的漫遊家呂碧城，當然不可同日而語，但我們由此可知，作為孤身旅行者的呂碧城是不乏同儕的。

確實，「孤身獨遊」是二十世紀初期女性旅行不同於前代的新境界。明清時期旅遊之風已盛，女性也有旅行機會，但留下紀錄的，還是以隨夫（父、子）宦遊的為多。晚清時期知識女性多了一些旅行的可能性，以國外旅行來說，例如近年引起許多學者注意的單士釐（一八五八—一九四五），她從一八九九年開始的十年間，隨著晚清外交家丈夫錢洵遍歷日本與歐洲諸國，留下了重要的近代女性跨國遊記《癸卯旅行記》。不過，單士釐仍然延續明清仕宦家族女性依隨家人旅行的傳統。更具有傳奇性的是，一九〇二年春天，康有為的二女兒康同璧（一八八一—一九六九）年方十九，女扮男裝，隻身從北京經河西走廊南下，赴南洋及印度尋父。梁啟超曾在《飲冰室詩話》中提及此事，說康同璧「去年孑身獨行，省親於印度，以十九歲之妙齡弱質，凌數千里之莽濤瘴霧，亦可謂虎父無犬子也」，且康同璧也得意地自稱：「若論女士西遊者，我是支那第一人。」康同璧與呂碧城同為一八八〇年代出生，在妙齡時期，一個萬里尋父，一個離家出走，各自開創生命的特殊經驗，都是清末民初女性的特殊典型。至於晚清民初那些留學的女學生，當然就有了出國旅行的機會，她們的身分與旅行經驗，已大不同於錢夫人單士釐。康同璧於一九〇三年到美國留學，正是青春少艾，而呂碧城本人，則遲至一九二〇年才赴美求學，已是邁向中年的人了。但無論如何，留學給了她們更多國外旅行的機會。這些女性在青年時期遠渡重洋的旅行經驗，往往也預示她們一生不凡的經歷。

我們不妨一併看看與她們同時或前後不久的幾位女性。例如與呂碧城差不多同時期在哥倫比亞大學就讀的女留學生，包括張默君與楊蔭榆。張默君（字昭漢，一八八三—一九六五）是著名的女革命家，同盟會的會員。她於一九一二年任上海神州女校校長，一九一八年赴哥倫比亞大學攻讀教育，之後又曾遊歷歐美諸國；一九二〇年回國後，出任江蘇第一女子師範校長，終其一生在教育、女權、文學各方面都有傑出成就。楊蔭榆（一八八四—一九三八）的人生則根本是一場意外的旅程。她是錢鍾書夫人楊絳的姑母，與呂碧城同時在哥大，而且頗有交情。楊蔭榆回國後，於一九二四年榮任北京女師大校長，立時站上了事業高峰。怎料一九二五年就發生了女師大學潮事件，治校比較保守的楊校長不贊成學生的政治活動，與學生自治會發生衝突，因而受到魯迅強烈攻擊，罵她依附北洋軍閥來壓迫學生，甚至諷刺她有「寡婦主義」心態。楊蔭榆在排山倒海的輿論壓力下去職，回到家鄉蘇州任教；一九三八年，因為與日軍爭執校地而被殺害。在楊蔭榆生前，魯迅對她的譏評如附骨之蛆；在她身後，留在歷史記憶中的也是魯迅送她的奴化教育惡名（直到最近，才有人開始重新評價楊蔭榆）。這兩位女士都跟呂碧城一樣，並非少年留學生，而是三十歲以後才出國讀書，代表了對人生的新的自主追求。

其實，我們熟悉的革命女傑秋瑾（一八七五—一九〇七）也與呂碧城有一面之緣，還曾抵足而眠。根據呂碧城在《鴻雪因緣》中的追述，一九〇四年，年輕的呂碧城正活躍於天津，而秋瑾即將赴日，特別求見碧城，勸說她一同到日本從事革命活動。呂碧城並未同意（她自稱「同情於政體改革而無滿漢之見」），但後來在秋瑾被難時，仍受到一些連累。多年後在寫作《鴻雪因緣》時，碧城仍深深感嘆於兩人生命的一度交錯。秋瑾、康同璧、張默君、楊蔭榆、陳學昭這些同代人，清楚說明了清末民初女性生命諸多新的可能性，而呂碧城也正是這一輩傑出女性的一人。不過，若以旅行而言，呂碧城的歐美之遊，特點並非路途比別人遙遠，見聞比別人廣博，而正在她刻意表彰其遊之「漫」。非關進取，無意求學，也不想革命救國——這才是呂碧城的姿態。

人生到處知何似，本就是《鴻雪因緣》的背面文本，一路所遇之人，自然也是生命指爪的痕跡，不只自然景觀與城市風光才是遊記的題材。呂碧城到羅馬時，接觸了中國駐義大利公使，還特別提到使館秘書長之妻汪道蘊。汪道蘊這位外交官夫人，今日讀者大概一無所悉，但在上海良友圖書公司所出版的女性雜誌《今代婦女》一九二八年第一期中，曾對她有所介紹。汪道蘊畢業於上海聖瑪利亞學校，於民國十年隨朱姓外交官夫婿赴義大利，曾於民國十二年，由上海女權運動同盟會委託，在羅馬擔任國際婦女參政會代表，在會中表現不俗，得到當地報紙大篇幅報導。她還著有《羅馬指南大要》。當然這樣的介紹或不無溢美，但多少說明汪道蘊是一位有能力的外交官夫人。或者因為如此，呂碧城在遊記中特別記下了她的名字。《羅馬指南大要》今未見，但由名稱來看，應是具有實際導覽功能的作品。其實，早在成為外交官夫人之前，汪道蘊也曾在雜誌上發表遊記類文章，刊登於民國時期最有影響力的雜誌之一——《婦女雜誌》五卷一號（一九一九年一月）上。這篇題為〈遊京一月記〉的文章，記述作者到北京訪視親戚並短期旅居的經驗。此時的汪道蘊還很年輕，寫的也是一篇標準的好學生文章，她說自己是南方人，有機會到北方旅遊，讓她「慨然想見北部山川之形貌」，整篇遊記述及地理學、時勢觀察、歷史感懷、社會批判等，知識性的內容相當豐富，流露作者「有為女青年」的自我認同。

其實，一九一〇年代的雜誌中，遊記便是一個重要的項目，而女性的遊記也經常出現，包括女學生的遊記習作，有遊西湖的，有遊西北地區的，也不乏國外遊記，或歸國感言（例如女留學生自述從美國返回上海，下船那一刻目睹滿街髒亂的「文化驚詫」）。其中有一些作品頗有特色，例如〈遊虞山記〉，刊登於《婦女雜誌》一卷十二號（一九一五年十二月），全文歷述天然風景、社會民生、歷史感懷等，見識相當卓越。文章結尾，作者充滿自信地宣稱：

「謂余之遊而學，學而遊，誠無不可。豈若世之遨遊海上，馳逐劇場，徒足以娛一時之耳目也哉！」堅定的把旅行與學問畫上等號。這篇遊記的作者是計宗蘭，她的另一篇遊記作品〈桂林旅行筆記〉（原刊於《婦女雜誌》四卷六號，一九一八年六月），後來以〈桂林遊記〉為題，收入《古今遊記叢鈔》（勞亦安編，中華書局出版，一九二四），與歷代文章大家的作品並列。說起來，計宗蘭與呂碧城也沾得上邊。一九一五年，北洋政府曾指派四位女教育家，分別到東西南北四方考察全國女子教育的現況。這四位女視學官是呂惠如、計宗蘭、祝宗梁、錢維貞（見〈中央特派女視學分巡各省〉，《教育雜誌》七卷十二號，一九一五年十二月），而呂惠如正是呂碧城的大姊，南京女子師範學校的校長。四位視學中的祝宗梁，也曾在雜誌上發表考察北京女學的文章，等於是一種特殊主題的遊記。汪道蘊、計宗蘭、祝宗梁，這些民初女性的遊記，都刻意展現知識、學習、啟蒙、時事觀／歷史觀等等積極進取的精神。相較之下，呂碧城自覺且強調的漫遊意識，真可說是獨樹一格，傲然歧出於時代的主流之外，但也正因如此，在今天更見其獨創的新意與趣味。

在《鴻雪因緣》的序中（作於民國十六年，一九二七），呂碧城說此記是為了「自誌鴻雪之因緣」，又「兼為國人之嚮導」。也就是說，此作既有私人的理由（自傳人生行旅），又有實用價值（作為旅行導覽）。在旅程中，作者便將一篇篇遊記寄交平津地區的報紙刊載，據協助出版此書的哥大同學凌楫民（又名啟鴻，回國後任北平大學法學院教授，後為律師）的說法，曾大幅提高報紙的銷售率，而各地報紙也經常予以轉載。遊記跟隨呂碧城的足跡，由美國舊金山開始，既描寫自然景物，亦述及人文景觀，向東到芝加哥及紐約，乘船渡大西洋，抵達巴黎，再乘火車轉瑞士。遊覽日內瓦風光後，轉往義大利之密蘭（米蘭）、佛勞蘭斯（佛羅倫斯）、羅馬等地。又回到巴黎，再次由原路經法國、瑞士、義大利，遊覽拿坡里、旁貝（龐貝）、威尼斯等城市。乘飛機到奧國維也納，再乘火車到德國柏林。因病返回巴黎，渡海峽到倫敦遊覽後，返巴黎。再由巴黎重遊瑞士，旅寓日內瓦湖畔之孟特如（呂或作芒特如，即蒙特勒〔Montreux〕）。就算以今日的標準看來，這也是夢幻旅程。呂碧城的遊記個人性非常高，作為旅人的作者時時躍出紙面，所以本書讀者實在可以賞讀其書而想見其人。至於所使用的文言，充分表現呂碧城最注重的文采，琳琅馨香，更值得欣賞咀嚼。我試從幾個可能的角度，提出初步的讀法。

一、一生愛好是天然——呂碧城的耽美

《鴻雪因緣》處處顯露呂碧城耽美的傾向。她對美的價值判斷，乃是古典審美（包括東方與西方的古典）、二〇年代裝飾美感，以及道德／宗教審美的交織。

我們首先讀到呂碧城對天然景色的留意。她非常擅長寫景，而且活用古典，不落俗套。例如初入瑞士的芒特如，碧城如此描寫其景：「瑤峰環拱，皚皚一白中，泛以姹紫，湖面靚碧微騰，寶氣氤氳，漫天匝地，而樓影參差，花枝繁簇，可隱約見之。」用詞不贅，卻以顏色的調配靈活傳達了山景與湖景的融合。同時，浸淫中國古典的碧城，不但喜歡引用傳統詩詞（例如寫芒特如就引用了張籍、韓愈的詩句），又習慣以中國的景色作為審美的參考值，例如以她很自然的拿西湖比日內瓦湖，而說「壯麗過之」。

山水之外，呂碧城對人文景物的描繪更多。在哥倫比亞大學旁聽時，她主要修習文學與藝術等科，對西方以及日本藝術都有認識，自然成為她的美感接受的一部分，但是形諸文字時，碧城始終依靠中國古典，這使得西方景物與中

國古典之間，形成有趣的緊張關係。

例如，描寫好萊塢以及明星宅邸時，碧城便將西方現代建築與傳統境界熔為一爐。她寫我們今日也很熟悉的好萊塢題字：「迎面翠峰簇起，為日暉反射，豔靄四溢，如天后凌虛，餘暉散為寶氣，閃爍於雲霞滃翳間。榜大字於山腰曰：好萊塢境〔Hollywood Land〕」。明明是凌霄仙境的修辭，在最後才飛來一筆曰「好萊塢境〔Hollywood Land〕」，而且偏用一「境」字，讓現代的電影光環與仙真寶界產生聯想。寫明星宅邸則說：「峰迴路轉，迭見紺宇雕甍，簾垂永晝，檻鎖穠春，一律闃無聲跡，靜絕纖塵，而異卉嬌禽不知誰主。夢境歟？抑仙境歟？」文字所營造的氣氛，簡直就是凡人誤入仙源，或者寶玉進了太虛幻境。

相對於景物，呂碧城對藝術品的欣賞比較脫出傳統。例如碧城在羅馬居留較久，對當地古蹟與美術館的收藏記敘甚詳，她描寫「波格斯美術館」（Borghese Gallery）所藏拿坡倫妹的石像，以「革褥棉茵」四字準確傳達石質雕像給人溫軟的視覺感受。而伯尼尼（Bernini）所作樸拉賽賓（Preserpine，即 Proserpine，冥府女王）被冥王強擄的石雕，更獲碧城注意。她細寫「一虯髯龐大之惡魔攫女於臂，其筋骨暴露之手著女體，致肉凹陷，愈形其柔澤。女惶恐撐扎，淚痕被頰。一強一弱，相形宛然」。欣賞者敏銳地抓住了藝術家在強與弱、硬與柔之間創造的僵持狀態，而不訴諸任何中國詩詞典故。而碧城於欣賞之餘，對藝術亦別有識見，她認為藝術是進化的，伯尼尼之石工固然已登峰造極，但未來的藝術發展則需別闢蹊徑，甚至取法東洋藝術的「寫意」。可見碧城在西方所受的藝術訓練，加上東方藝術對她的影響，融洽而成她對藝術品的審美觀。我們也可注意，呂碧城於欣賞藝術之際，別興感懷，提出「美」才是進化的終點。如此，「美」對此時的呂碧城而言已不只是藝術的美，而是道德之美，宗教之美，這也對應了她生命旅程朝向宗教追求的階段。

談到耽美，還可一提的是呂碧城對「美人」的想望。她在參觀好萊塢眾星宅邸時，雖然一一描寫其外觀特色，卻惟有對早逝的銀幕情人范倫鐵諾的故居寄託了特別的感情。碧城如此描述她在范倫鐵諾故居發現的景象：「有不知名之異本，翹然只作一花，色紺而嬌靚，為朵絕巨，但欹側下垂，若蘊無窮之悽怨者」。此異花在碧城筆下，不啻是俊美容顏的魂魄歸來。一念之執，竟讓呂碧城在橫渡大西洋途中，還夢遇范倫鐵諾。她對夢中的細節詳加描述，不但寫到「一頎秀之影」閃入船艙，更特別形象化地描寫范倫鐵諾的名片「紙作淺藍色，印以深藍墨膠之字，凸起有光」。名片的設計質感，呼應著碧城心目中范倫鐵諾的秀逸姿容，而不必直接寫范倫鐵諾的容貌了。另外，讀者不妨注意遊記中對巴黎「木蘭如吉」（Moulin Rouge，即紅磨坊）演出的描繪，極盡精妙穠豔，文字本身便是一場美的演出。

二、旅途的險與趣

遊記之初，碧城謹記「為國人嚮導」的承諾，提供了不少實際的旅行指導，如訂票、海關、行李、銀行、寄宿選旅館、小費、護照、旅館用膳的正式服裝等等，全部都以自身的經驗為例說明，想必對當時讀者真的具有參考價值。碧城還以切身之痛，指出當時在上海出版之「遊歐須知」之類書籍，資訊有誤，不可盡信（當然，既有此類書籍出版，也說明了二〇年代國際旅遊風氣的興起）。我們如果為呂碧城這個旅人設身處地著想，便會發現她其實多次身陷險境。例如由大坎寧赴芝加哥時，訂票之複雜超過預期；沿途深夜換車、車中不供膳等不便；又如由羅馬回巴黎途中，因不諳啟驗行李的規定，致使行李延誤送達。儘管曾遭遇種種不便甚至危險，呂碧城仍然向讀者推薦獨自旅行，因為她認為有嚮導的遊覽隊旅行（也就是我們的旅行團），總是在追趕進度，實在「欠從容」。

除了買票、通關這些問題以外，國際旅行的另一個困難就是語言。呂碧城通英文，但是不通歐洲語言，因此在歐洲旅行時，往往陷入溝通的窘境。不過，她以幽默態度面對自己的不足，自稱「啞旅行」，而且認為既然不能依靠口耳的語言，就必須仰賴其他感官知覺，或者因此而「轉得奇趣」。這看似自我解嘲，卻果然能化不便為趣味。

我們也可以在遊記中看到呂碧城如何與途中所遇的人對應相處。旅途上碰到的都是陌生人，是新鮮的趣味，也是未知的危險；可能萍水相逢而親如家人，竟成莫逆，但也可能人心叵測，自蹈險地。呂碧城對人的態度是相當開放的。例如她由瑞士初入義大利密蘭（米蘭），在火車上遇見呂碧城稱為「傖」人（可說是品味惡俗的傢伙）的男士，專事討好女乘客，而呂碧城竟然還是聽信了此人隨口推薦的旅館。碧城大概對自己常常相信旅途中的陌生人，也自覺不堪效法，因此總不忘提醒讀者留心為戒。例如她敘述由密蘭往佛勞蘭斯（佛羅倫斯）

的車上，親善的義大利乘客邀請她同吃罐頭，碧城盛情難卻，勉強接受，但又趕緊提醒讀者，旅途中不可輕受他人食品，須防範對方或是匪徒。又如在日內瓦遊湖，但自己不善操舟，頗引以為憾，於是竟然應一能說英語之少年的邀請，與他共同泛舟湖上。這一次呂碧城真真覺得自己太過大膽了，她連忙提醒讀者：「然予此行極為謬妄，願讀吾此記者，切勿效尤。」因為獨自上了陌生人的孤舟，簡直是以性命相託！說是這麼說，當下的呂碧城，浪漫情緒顯然超過一切，泛舟困倦時，她竟然就在船上睡著了，陌生少年脫下自己的大衣給她蓋上，而與碧城對面而臥。此情此景，大可入詩，但也說明呂碧城實在是一個敢於冒險的旅人。

至於國際旅行時最怕的政治危機，呂碧城也遇上了。所謂危邦不入，但世事未必都能預料。呂碧城首次進入維也納，就碰到嚴重的暴動，先是差點捲入群眾，後又受困於城中旅館，過程頗為驚心動魄。想必當時國內報紙的讀者，也為她擔驚受怕。從人到事，種種旅途上的經歷都因具有某種程度的危險而能成趣，這是呂碧城的經驗，恐怕也是旅行的普遍真理。

三、作為異人的旅人

旅途中與人相遇，總是我與他的接觸，我固然不免以自己的視角看他人，自然也必須遭遇他人的眼光，被視為相異之人。一九二〇年代在歐美，當然不同於現在滿街亞洲觀光客的景象，高姿態的呂碧城定然引人注意。呂碧城對自己作為一個旅人、外人、異人的身分，很能安然自處。在義大利的波羅納車站，她曾遇到一位通英文的少年譯員，得知碧城為中國人後，大約出於討好的意思，告訴她說：「汝貌甚佳，頗似歐人，不類華人」。這當然是一個令人頗難以為情的評語。不過，碧城並未發怒（或者自喜），她倒是反過來替人解釋，認為這少年必是聽信謠傳，或者受了醜化的滑稽圖畫的影響，才會無知地以為華人都是面貌不佳的。

另一方面，既然身在異域他鄉，旅行者也往往有身為外人才能成立的言行舉止。例如遊記中有「三笑」一節，記敘了呂碧城敞開胸懷面對旅途中意外情景的能力。她抽離自己來看自己，自認：「予雖孤蹤踽踽，每自成欣賞，笑口常開」，說得文雅，其實也就是能把自己當笑話看的意思。在佛勞倫斯與柯克旅行公司職員交涉時，因為碧城錯看支票金額，造成誤會，本來是一場爭執，當碧城自知犯錯，卻能相與大笑。之後，又因遊覽隊安排馬車時，他人皆乘雙馬馬車，碧城卻乘獨馬馬車，碧城肯定覺得是不平等的待遇，不甘受欺，因此「恚甚，繞行辦事室間詰責」，急切之情，躍然紙上。職員說，乘此獨馬馬車，看似吃虧，但有一男隊員為伴，豈不勝似多一匹馬？眾人因此大笑，而呂碧城也放懷大笑，解開緊張的情境。諸如此類，呂碧城經常描寫自己在異國旅途中心情上的敏感、言行上的鈍拙，以及保持幽默感的能力。但她也不避諱自己有時與同行旅客發生無聊的瑣碎爭執。比方由羅馬回巴黎途中，碧城就因為火車上能否吸煙的問題，與兩名同車女客發生爭執，最後她為了反擊，竟然故意吸煙後噴吐到對方臉上，以表示自己不示弱，想見其情景頗為可笑，卻讓我們窺見了碧城的真性情。

以上數端，不過略舉幾個閱讀《鴻雪因緣》的切入點，全書精采有趣之處，俯拾皆是，只待讀者求索。呂碧城對自己的文字非常有信心，的確，不論寫景或敘事，她的文采都是搖曳生姿，甚至可說頗見鋒芒，全不走溫柔蘊藉一路。呂碧城的詞作最為有名，其中也有不少作品涉及國外旅遊的見聞，例如遊巴黎鐵塔、遊義大利火山等等，都曾寫入詞作，有興趣的讀者或可與本書互相參看。

研究碧城詞的學者指出，雖然她的詞中表現了歐美景物，因此開拓了詞的境界，但呂碧城理解與詮釋西方景物的角度都是中國傳統。我認為呂碧城的歐美遊記中所展現的文化視野更為寬廣，西方事物與東方眼光在此有各種層次的接觸，而且遊記的敘事方式表現了接觸時的火花震顫。如此，讀《鴻雪因緣》，讀的不是我們早已熟悉的西方景觀，而是近一個世紀前一位民國才女的足跡，以及她的時代因緣。

註解

1 本文在呂碧城背景資料與詞作評價方面，參考了最近的研究，為方便讀者閱讀而不一一註明。主要的參考材料包括：劉納，〈呂碧城評傳〉，收入劉納編著，《呂碧城》；李保民，〈呂碧城年譜〉，見《呂碧城詞箋注》；Shengqing Wu（吳盛青），*Classical Lyric Modernities: Poetics, Gender, and Politics in Modern China (1900-1937)*。

2 呂碧城傳世的照片不少，其中一幅身著孔雀花紋長裙，頭戴誇張翠羽，極盡華美。

CONTENTS

呂碧城歐美漫遊路線

瑞士（蒙特勒、日內瓦、史特雷薩）●——巴黎●——美國（舊金山、洛杉磯、大峽谷、芝加哥、紐約）
瑞士（日內瓦、蒙特勒）●——巴黎●——義大利（米蘭、波隆那、佛羅倫斯、羅馬）
柏林●——維也納●——義大利（米蘭、那不勒斯、羅馬、威尼斯）
瑞士（蒙特勒、日內瓦）●——巴黎●——倫敦●——巴黎

鴻雪因緣

予此行隻身重洋，翛然[1]遐[2]往，自亞而美而歐，計時週歲，繞地球一匝，見聞所及，爰為此記。自誌鴻雪[3]之因緣，兼為國人之嚮導，不僅豆棚瓜架[4]之談資已也。旅次潦草屬詞，閱者諒之。

丁卯（一九二七）二月，聖因識於巴黎。

註解

1 翛然：毫無牽掛、自由自在的樣子。
2 遐：遠方。
3 鴻雪：比喻往事所遺留的痕跡。
4 豆棚瓜架：百姓聚會納涼說話閒聊的地方。

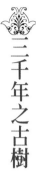

三千年之古樹

自抵舊金山，即聞柯省[1]（California）有三千年之巨樹（Muir Woods），為考古家所欣賞。乃賃遊車（乃大汽車，可容數十人，專為遊覽之用），登車後，座客已滿。御者以一身兼任司機及演講之職，講時用傳話筒，遊客又多詢究，致彼時須回首作答。予甚恐其疏忽蹈險（本年四月間，此項遊車相撞，死傷美國婦女八人）。予座適與之竝[2]，彼竟請予襄助司機。予曩曾駕車肇禍，今何敢以此巨車輕試？該御者少不更事，實可譴責，然亦可見彼邦女子皆諳駕駛之技矣。已而車過金門海峽（Golden Gate）。汽車渡海，此為創見。蓋以車置巨筏上，鼓汽機而行。駛入騷撒立途[3]（Sausalito）之境，改由鐵路抵蒙塔莫立沛[4]（Mt. Tamaupais），為柯省名山。午餐後與數德人合攝一影，即乘山車——乃特製以行嶺間者，轡巨而震，座客大樂，相與哄笑——抵一叢林，濃蔭蔽天，綿亙數里，眾皆下車步行。其樹又名紅林，因其內質色紅，外觀仍綠也。樹幹挺矗，高拏雲表，博物家能察其皺紋核知其壽。樹根多十餘株，珠聯作圜形，徑口約百餘尺，其巨可知。殆原幹已朽化，嫩條所茁，皆成巨材。根生木菌，其形如芝，大逾栲栳。落葉鋪地，厚於氍毹[5]，人行其上，步履悉深陷。仰觀莫見其杪，頑青古翠，空氣馨蒸，遊者如入藥爐陶冶，立覺卻疾輕身之效。

註解

1 柯省：今加州。
2 竝：併在一起。
3 騷撒立途：舊金山濱海小鎮，今譯作索薩利托。
4 Mt. Tamaupais：應為 Tamalpais，今譯作塔馬爾派斯山。
5 氍毹：毛織的地毯。

旅次之小訟案

金山氣候溫煦，因留度歲，計三閱月[1]。村野間紅繁綠縟，豈惟不冬，且無一絲秋氣。長日悠其遨遊，忽為俗事所擾。蓋予因賬款糾葛訟一旅館，為數不巨，未延律師——因費昂將得不償失也——幸獲勝訴收還欠款。法庭為予追償甚嚴，不因數小而寬縱。署名 Small Claims Court，譯為「小款清償之署」。該署設公費一律豁免，訴者無錙銖損失而獲實效，其制甚善，吾國宜仿行之。該署設於市政廳，壁柱悉鑿花崗石為之，有字示眾曰「如於壁上擦火柴一枝，罰五十金」。因恐吸煙者就壁取火而致污痕，亦可見屋宇之精潔矣。又如紐約電車中榜示曰「吐痰一口，罰五百金，或監禁一載，或罰鍰與禁錮並行，亦不許吐痰於窗外」云。美人好潔，遊者所應注意。

註解

1 閱月：經一月。

好萊塢諸星之宅

新年後啟程，自西徂東，蓋由西岸之舊金山至東岸之紐約。第一站先抵羅散吉樂[1]（Los Angeles），亦名城之一。瀕行之日，得識佛革森君，亦將往該城者。彼於先二小時往，予抵羅省寓西賽旅館（羅省繁富，崇樓峻宇，行人如織。後予遊歐洲，見各大國之都城皆無此盛況），即有人以電話呼予，予甚異之，初不料即佛革森也。彼為予部署遊程，並代購得好萊塢遊券，始知靈山勝境即在咫尺，喜逾望外。晨遊動物園，蓄鱷魚、鴕鳥甚夥[2]。鳥能駕車，控繮轡於其頸翼，載二人疾馳，其力與驢等也。午後遊好萊塢，眼界為新。沿途皆小屋平房，構造精雅，綜錯於芳叢綠野間，澹冶[3]而饒畫意，較之高樓連苑夾道蔽天如居古井深谷者，別有天地也。一中國戲院方鳩工營造，據云價值二百五十萬元。餐館數所謂皆銀幕中人所集會者，眾星奎聚，想見光彩沖霄之盛。迎面翠峰簇起，為日暉反射，豔靄四溢，如天后凌虛，餘暉散為寶氣，閃爍於雲霞滃翳間，榜大字於山腰，曰：「好萊塢境」（Hollywood Land）。入此以往，則諸星宅墅薈萃之區，神山樓閣參差，起於花陰嵐影間，與境外之小屋平疇風景又別。峰迴路轉，迭見紺宇雕甍，簾垂永晝，檻鎖穠春，一律闃無聲跡，淨絕纖塵，而異卉嬌禽不知誰主，夢境歟？抑仙境歟？計驅車半日，未逢一人，未踏一礫，可稱莊嚴淨土。惜吾筆不克曲狀其美，但絕無阿好[4]之詞，皆紀實耳。茲覼[5]舉數宅如左：

卓別麟[6]（Charlie Chaplin）。門前為坦潔石徑，繚以短垣。垣內萬檜森立，如春筍怒發，雜花抽條，覆垣甚密，綴英尤繁，有春色滿園關不住之概。眾綠之杪，白屋聳出，如一輪皓月高拱雲端，氣象嚴貴，儼然王者居也。

陸克[7]（Harold Lloyd）。細草茸綠之場建以白石之室，其樓僅兩層，平整雅潔，偏[8]張粉霞之幕，屋腳植小叢花卉而無樹木。如儒雅，不逞奇氣；如靜女，不炫濃妝。

賈克．柯根[9]（Jackie Coogan）。大廈起於廣場，草地數方，界以白石之徑，井然有序，門駐巨輦。吾人每見此童於影片中，初不意其養尊處優有如是也。

卓別林（左）傑基．庫根（右）

愛蓮．列治

巴賴．乃格立[10]（Pola Negri）。白屋覆以絳瓦，門前巨圃，繁花枝枝挺立，層列如波，一望無際。屋後殿以叢林，雍容華貴，如富家女。

愛琳．立舒[11]（Irene Rich）。白屋偏張綠色窗櫺，幽蒨娟雅，不似演《少奶奶之扇子》（Lady Windemer's Fan）時之騷辣也。

范鵬克[12]（Douglas Fairbanks）。白礪為牆，紺灰色頂，綠草場上有高大之石像，作天使鼓翼狀。

范倫鐵諾[13]（Rudolph Valentino）。建築古樸而鬱悶，宜居者之不壽。門窗悉閉，廊間尚掛金籠，空而無鳥，殆有之亦已殉主耶？沿階珍叢凌亂，有不知名之異本，翹然只作一花，色紺而嬌靚，為朵絕巨，但欹[14]側下垂，若蘊無窮之悽怨者。范氏以藝術成名，世人多慕其美，然貌亦尋常，義國中不乏其儔[15]，而湮沒無聞者，有幸與不幸之別耳。

其餘如史璜生（Gloria Swanson）、拿斯穆瓦（Nosmova）、瑙門．塔梅（Norma Talmadge）、梅白．瑙門（Mabel Norman）諸明星，各有其宅，未暇一一述及。

歸寓後，佛革森以電話獻議多留一日作河濱遊。當立予否決，因於紐約諸事待理，赴歐之船期將屆，不敢多留也。

註解

1 羅散吉樂：今譯洛杉磯。

2 夥：眾多。

3 澹冶：淡雅明麗。

4 阿好：投其所好。

5 覶：詳細而有條理地敘述。

6 查理．卓別林（Charlie Chaplin, 1889-1977）：英國喜劇演員、導演。

7 今譯作哈洛．羅依德（Harold Lloyd, 1893-1971）：美國電影演員及製片。

8 徧：同「遍」。

9 今譯作傑基．庫根（Jackie Coogan, 1914-1984），美國演員，默片時代的童星，在查理．卓別林影片《尋子遇仙記》中演繹孤兒角色而為人熟知。然而，庫根的母親和繼父把他的錢揮霍一空，連基本生活也無法得到保障，庫根只有訴諸法庭。一九三八年加州當局就此制定了加州童星法，亦稱「庫根法」，以保障童星的權利。

10 今譯作寶拉．奈格莉（Pola Negri, 1897-1987）：默片時代的波蘭演員，是第一位赴好萊塢發展的歐洲女明星，擅長飾演悲劇人物。

11 今譯作愛蓮．列治（Irene Rich, 1891-1988）：美國默片橫跨到有聲電影的女演員。

12 范鵬克（Douglas Fairbanks, 1883-1939）：美國演員、導演與劇作家，並為聯美公司（United Artists）的四位創辦人之一。

13 范倫鐵諾（Rudolph Valentino, 1895-1926）：義大利演員，後赴美發展，為一九二〇年代最受歡迎的明星之一，被稱為「拉丁情人」，於一九二六年死於心臟瓣膜炎。

14 欹：傾斜不正。

15 儔：與之匹敵。

大坎寧之山景

由羅散吉樂購路券至威廉[1]（Williams），車中信宿，復換車至大坎寧[2]（Grand Canon），該處風景奇麗而名最著。下車登山，氣候頓寒，予披貂氅徘徊於疏松殘雪間，腦力為之清醒。惟一之旅館曰「愛力陶佛爾」（El Tovar），高踞山巔，外觀樸質而內部精麗。棟梁悉截松幹為之，不加髹漆，綴巨枝蒼松紅葉為飾，畫意詩情，悉資遊興。斲[3]槎枒[4]松幹為燈籠，鏡檻映以雪焰晶波，祛盡山林荒寒之氣。東壁滿懸長槍、古劍，羅列交叉，與西壁羚、鹿諸首犄角相對。主之者何人？乃熔俠情、美感於一爐，極其能事矣。平台以外，則天地團圞[5]（實則非地，乃如大池，群山起於其中），群田環拱，即大坎寧也。高約八千尺，面積廣袤[6]二百十七英里。山皆赭色，為日光渲染，嫣然而紫。所奇者，其形多方，或三角，或六角，皺痕深刻，觚棱[7]疊起，如萬塔浮海，層層銜接，嶄然一線，絕不參差綜錯，類人工所築，疑古之霸者瘏[8]其民力成此巨觀。詢之同遊者，皆謂成之天然，絕非人力。然則造物之結晶歟？予立高處攝取一影，群山相對作萬笏9朝天狀，佳製也。是日，就山徑之平坦者，偕眾驅車作一小時之遊，僅能覽其概略，進至探幽矚邃，必破十日之晷10方臻奇境，且非舟車所能通。館主欲售以二十金幣之券為備騾，作三日遊，且指示山阿有河流蜿蜒如銀線者，其旁綴翠斑數點（乃紅山中綠瓦之屋頂），謂為旅館，可宿其中。嗟乎，予不乘馬已十年矣。曩11客京華，嘗攬轡於頤和園、南苑等處，然亦只能馳騁於輦道，矧12久習媮惰，安能再試於險巇萬仞之間？惟望洋而嘆耳。

註解

1 Williams：威廉斯鎮位於大峽谷南邊。
2 大坎寧：今譯作大峽谷（Grand Canyon）。
3 斲：切成小塊。
4 槎枒：錯落不齊之狀。
5 團圞：團聚。
6 袤：南北距離的長度。
7 觚棱：稜角。
8 瘏：疲勞致病。
9 笏：古代大臣朝見君主時所執的手板，用玉、象牙或竹製成。
10 晷：時光。
11 曩：昔日。
12 矧：況且。

20 世紀初的愛力陶佛爾旅館

一夕之勾留

午後，觀美利堅土人（即紅種人）舞蹈。該土人即美洲之舊地主也，喪其全境而奴於白種，習流利之英語，諛詞以媚遊客，蓋傭於旅館，逐日獻技者。予觀其膚髮頗類華人，塗赭於面，號稱紅種。近世考古家每證明華人發現新大陸在哥倫布以前，且有謂即西藏人者，今觀此益信，而予重有感焉。

黃昏散步雪徑，與葛柔斯君閒話，詰以山形何由如此。彼謂係經地震而成，予深信之。歸寢後，此問題仍盤旋於腦。如因地震，必有迸裂之碎石積於山麓，決計晨起再加考察。乃次日俯覽各凹澗，淨無片屑。復以質問一叟，則答以古時洪水衝激，水歸海而山裂矣。此說較近，惜予不諳地質學耳。步入客堂，見男女多作騎裝，裹糧待發，自顧弗能，既愧且恨也。

赴芝加哥途中

予將離此處往芝加哥，乃詣車站預訂車位。路員某謂毋庸預訂，有某號車可直達芝埠，甚為簡捷云，乃與約定翌日購票。及再往，僅一少年供職其間，叩以路程，彼徧檢簿冊，良久始能作答，且謂無通票，須於途間換車。予疑其不諳路線，語頗怨懟。彼夷然無忤，予轉自慚孟浪。彼詢予：「喜常車，抑客車？」予答以一無所知，請為酌定。迨登車，見註明為客車。第一程先返威廉，經鄧佛[1]（Denver），計宿三夜，而三易其車，始達芝埠。車中不供膳，須俟抵站時下車覓餐館，而時限匆迫不暇飽餐，換車又多在深夜，寢食不遑，疲勞極矣。同車客謂予本可乘較捷之車直達芝埠，於是予益恨為少年路員所誤。後詢之芝埠路員，則謂予之幹路總票係由金山預購行經散他菲[2]（Santa Fe）路線者，則枝路之票只得遷就，實未誤也。當予由金山購總票時，路員曾詢欲行何線，予無所知，惟答以欲沿途風景佳者，至簡便與否則未計及矣。芝加哥、紐約為世界名城，皆舊遊之地，雪鴻重印，不無惓戀，然俗冗無足紀述，姑於此記從略焉。

註解

1 鄧佛：今譯丹佛。
2 散他菲：今譯聖塔菲

舟渡大西洋

范倫鐵諾之夢謁

二月十二日，由紐約啟程赴歐，渡大西洋。船名「奧玲匹克」（Olympic），重四萬六千噸，巨製也。樓宇六層，升降梯三具，輪奐宏麗，不啻皇居。頭等客男女五百餘，於餐室中（頭、二、三等分設餐室）一律作晚裝，侍役亦皆禮服，張樂豪飲，蓋甫離美利堅禁酒之境。予素不善飲，為眾所勸，亦勉進少許。先二日，舟行甚穩。世稱風浪最劇之洋，竟能容與中流而無所苦，雖略感不適，但勉隨眾笑謔蹈舞，亦得忘之。海水黑濁，予不欲憑欄觀海，惟處舟內，俾忘眩暈。第三日天氣驟變，舟撼甚劇，予不克支持，偃臥艙室。同席安尼斯君遣使賚[1]鮮花一籃見存，濯露凝香，飾以彩絹，立覺春意盎然。予知花氣傷腦不宜置寢室，擬置門外，又恐為贈者見之致慍，不得已留焉。而芳菲襲人，益以風浪激簸，竟夕不能成寐。僅矇眯一霎，忽睹一頎秀之影閃入艙中，則范倫鐵諾也，手持名刺[2]謁[3]予。其片較普通式略大而方，紙作淺藍色，印以深藍墨膠之字，凸起有光；於姓名之上列小字一行，為音樂教師。予訝艙門僅啟一隙（予艙位於C字層之中央而無窗，臥時欲通空氣，將門鉤掛於壁，留一隙約二三寸。舟雖搖撼，而門不能全閉。凡曾乘海舶者，皆知其式），彼何由入？思至此毛髮微悚，未及通詞蘧然而醒，則一夢耳。計通夜中成寐時間，僅此數分鐘，而幻象如此，何其突兀也。自別好萊塢，兼旬以來，舟車跋涉，腦髓昏脹，更無一絲之隙憶及前遊，胡從入夢？忽悟是日為二月十四，「范倫丁」（Valentine）節也，與彼之姓氏相同（雖尾音稍異，乃義大利文之拼法）。亡友易實甫[4]君曾有《子夜鬼歌》云：「自別世間人，都忘世間物。世間有太陽，知是紅與黑」，設想之奇，悲痛入骨。范氏其猶未忘人間令節耶？惜予筆墨久荒，殊無佳構為闡揚徽采於東土古邦，有負幽靈之謁，徒貽江淹才盡之慚。昔世界第一歌曲家克路蘇[5]（Enrico Caruso）亦義大利產也，藝進於道，優入聖域。予客紐約時適聞其訃，乃為傳記並其造像，投於《申報》，時為西曆一九二一年。絳樹西凋，此曲祇應天上有矣，如范氏協律鈞天，當與媲美。吾知仙籟所鳴重泉遏響，九幽寒冽，暫迴黍谷之溫；萬鬼悽潛，同破黃壚[6]之涕。殆亦帝遣之巫陽，沛[7]德音於冥漠者。雖屬夢幻，吾信為真確焉。

註解

1 賷：把東西送給別人。
2 名刺：名片。
3 謁：晉見、拜見。
4 易順鼎（一八五八—一九二〇）：字實甫，清末民初詞人、文學家。
5 克路蘇：今譯作卡羅素（Enrico Caruso, 1873-1921）。
6 黃壚：傷懷往事。
7 沛：充盛的樣子。

范倫鐵諾

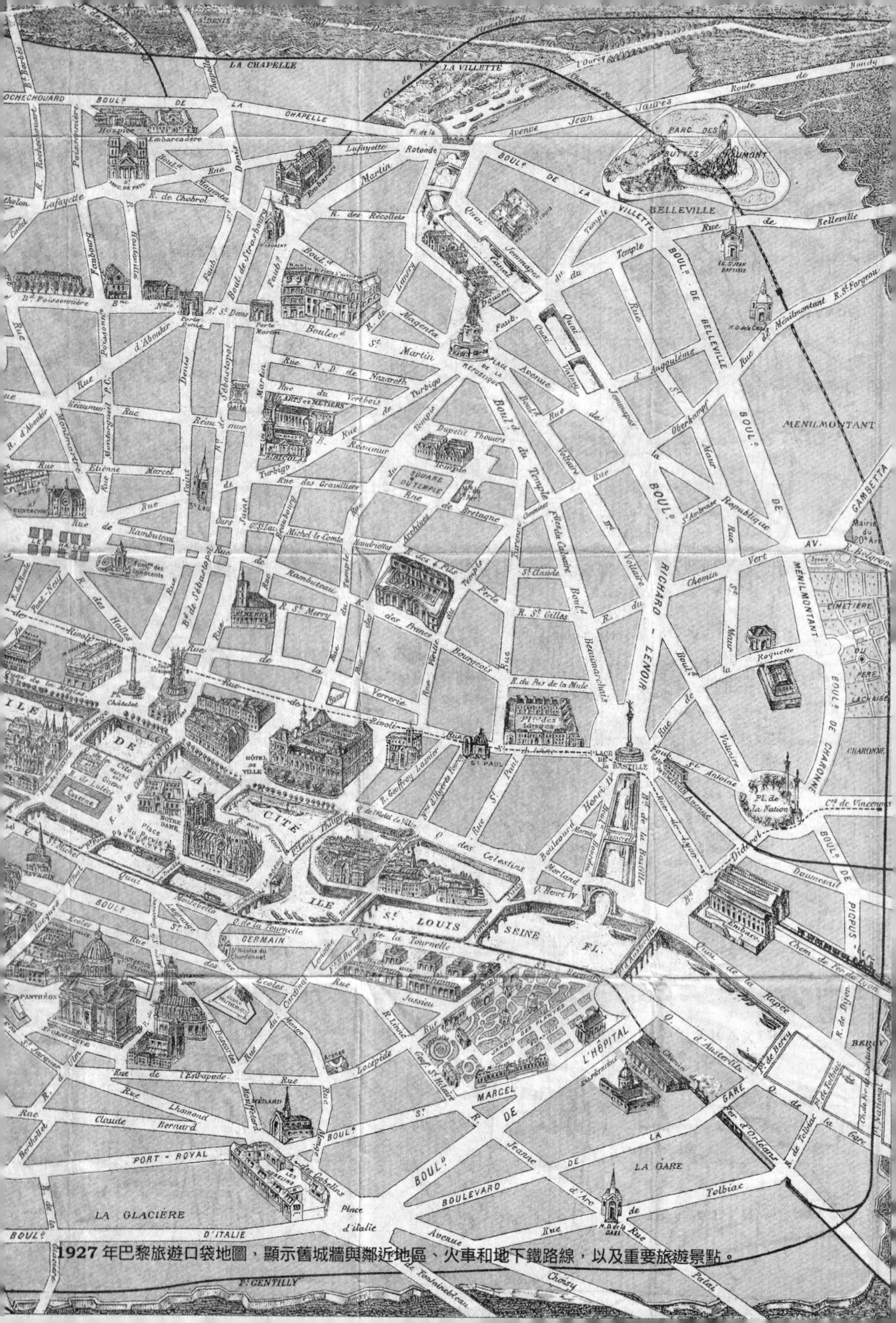

1927 年巴黎旅遊口袋地圖，顯示舊城牆與鄰近地區、火車和地下鐵路線，以及重要旅遊景點。

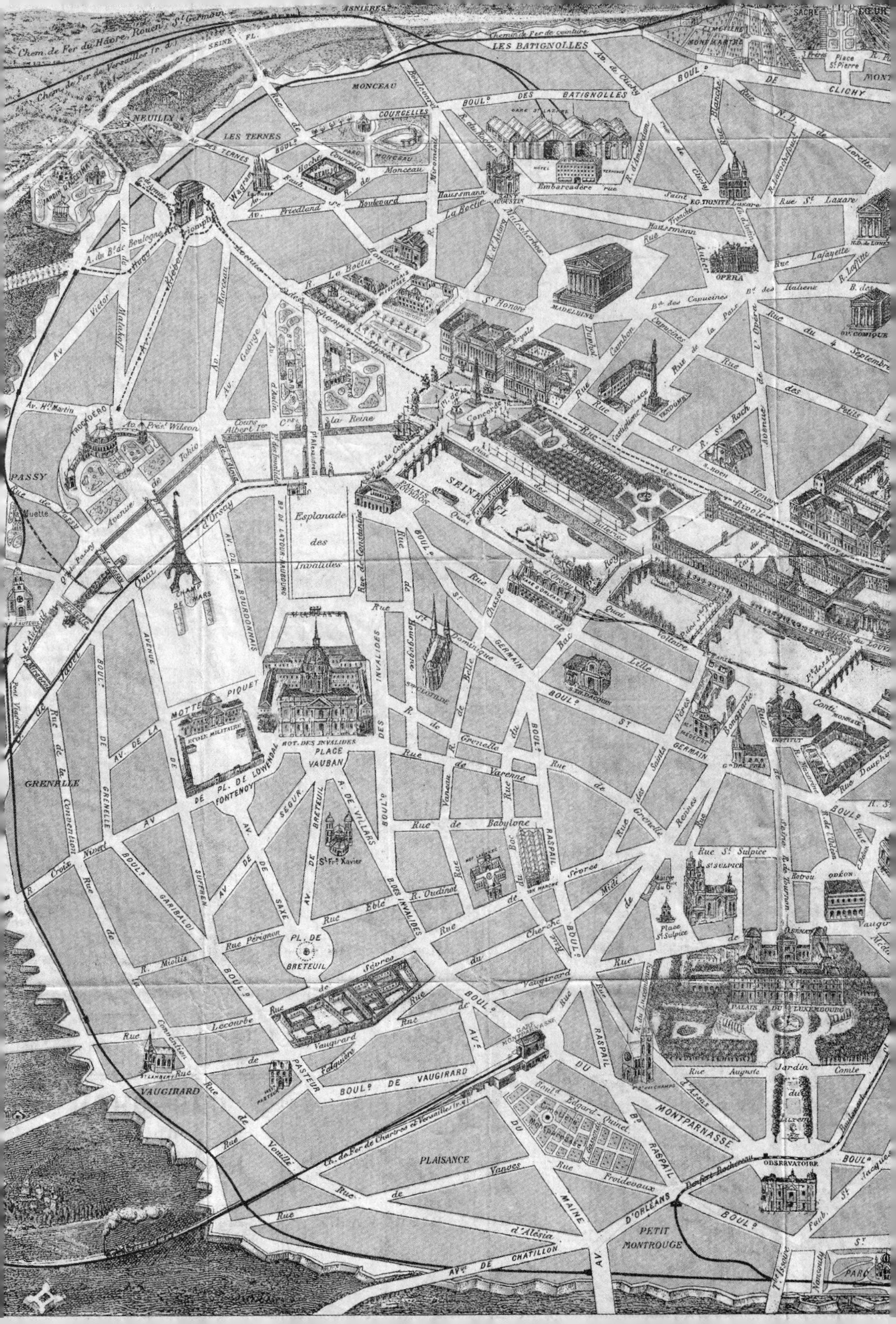

ASNIÈRES
Chem. de Fer du Hâvre, Rouen, St Germain
Chem. de Fer de Versailles (r. d.)
SEINE FL.
Chemin de Fer de ceinture
LES BATIGNOLLES
MONCEAU
BOULd DES BATIGNOLLES
BOULd DE CLICHY
NEUILLY
LES TERNES
COURCELLES
PARC MONCEAU
GARE ST LAZARE
Embarcadère
Haussmann
Boulevard
Friedland
La Boëtie
Malesherbes
ST AUGUSTIN
EG. TRINITÉ
Rue St Lazare
OPÉRA
MADELEINE
Rue Lafayette
Bd des Capucines
Bd des Italiens
OP. COMIQUE
Rue du 4 Septembre
St Honoré
Rue Royale
Place Vendôme
Avenue de l'Opéra
Rue de Rivoli
S. ROCH
Concorde
JARDIN D'ACCLIMATATION
Arc de Triomphe
Av. de la Grande Armée
Av. Victor Hugo
Av. Kléber
Av. Malakoff
Av. Marceau
Av. George V
Champs Élysées
Cours la Reine
Cours Albert 1er
Av. Président Wilson
TROCADÉRO
Av. Hri Martin
PASSY
La Muette
Av. de Tokio
Quai d'Orsay
PALAIS BOURBON
Esplanade des Invalides
SEINE FL.
Quai Voltaire
Rue de Lille
Rue du Bac
BOULd ST GERMAIN
STE CLOTILDE
Rue St Dominique
Rue de Grenelle
Rue de Varenne
Rue de Babylone
INSTITUT
Rue Bonaparte
St GERMAIN DES PRÉS
Rue Mazarine
Rue Dauphine
CHAMP DE MARS
AV. DE LA BOURDONNAIS
Quai d'Auteuil
Pont Mirabeau
Quai de Javel
ÉCOLE MILITAIRE
AV. DE LA MOTTE PIQUET
HOT. DES INVALIDES
PLACE VAUBAN
PL. DE FONTENOY
PL. DE LOWENDAL
AV. DE SÉGUR
AV. DE SUFFREN
AV. DE BRETEUIL
AV. DE VILLARS
St Frs Xavier
B. DES INVALIDES
R. Oudinot
BOULd RASPAIL
Rue de Sèvres
BON MARCHÉ
GRENELLE
Rue de la Convention
Rue de Vaugirard
Rue Lecourbe
BOULd GARIBALDI
AV. DE SAXE
Rue Pérignon
PL. DE BRETEUIL
R. Miollis
Rue du Cherche Midi
Rue des Saints Pères
Rue St Sulpice
ST SULPICE
Place St Sulpice
ODÉON
Rue de Tournon
PALAIS DU LUXEMBOURG
Jardin du Luxembourg
Rue Auguste Comte
GARE MONTPARNASSE
BOULd DE VAUGIRARD
PASTEUR
Rue Falguière
VAUGIRARD
St LAMBERT
Boul. Edgard-Quinet
Cimetière Montparnasse
BOULd DU MONTPARNASSE
Rue d'Assas
Ch. de Fer de Chartres et Versailles (r. g.)
PLAISANCE
Rue de Vanves
Rue Froidevaux
AV. DU MAINE
Rue de Vouillé
Rue d'Alésia
AVue DE CHATILLON
AV. D'ORLÉANS
PETIT MONTROUGE
Denfert Rochereau
OBSERVATOIRE
BOULd St Jacques
Rue de l'Ouest
PARC

首途赴巴黎

英、法兩國僅隔一海峽。抵歐，左為騷然屯[1]（Southampton），英之港口；右為謝伯爾格[2]（Chebourg），為往巴黎之鐵路。安尼斯將往倫敦，與予分程於此，彼預託其法國友人谷賽夫婦導予往巴黎。予之車券為第二輛，谷賽等則為第五。彼等乃退券換為第二，以便與予同車。登小艇時，行李山積，予之衣篋徧覓不得。谷賽以耄耋之年，上下於樓船三層（雖小艇亦有三樓）為予覓之，往復數次。予頗不安，告以所值無幾不必尋覓。登岸後，予請谷賽佇立以待，予自往稅關覓得之。谷賽之女及婿已駕汽車迎於道左，彼囑其婿以車送予往旅館，而自挈其老妻另僱街車而去。其誼甚可感也。

註解

1 騷然屯：今譯作南安普敦。
2 謝伯爾格：應為 Cherbourg，瑟堡。

獨遊之辦法

予前既草新大陸之風光，迨抵巴黎，遂擱筆而無所記。蓋不諳法語，幾如聾瞶[1]。雖諸事得英美友人（渡大西洋時同舟所識者）襄助，僅及大端，難隨跬步，故第一計畫即專治法語。詎習未匝月，愈進愈艱。臨渴掘井，時不我與，乃慨然拋棄，為《啞旅行》（小說名）之嘗試或轉得奇趣，以經歷所得，為隻身遠遊且不諳方言者（但英語或法語必通其一，否則絕不能行）之嚮導，則此篇較美洲遊記尤裨實用。其法：先取歐洲地圖測覽，查各國所在，定行程之先後。歐美各都會皆有經理旅行之公司，如柯克（Thos. Cook & Son）及美國通運公司（American Express），其最著者也。彼等代售輪船及鐵路等券，凡不解方言之旅客，可向之購買。因歐洲輪、軌各局員大抵只能作其本國言語，非如旅館之職員能通數種方言也。此等公司又承辦遊覽各事，備有大汽車，可載客數十，派專員演說嚮導，名曰「Guide」。其辦法固與遊客以便利，但欠從容。蓋嚮導人領眾如牧群羊，遊者須跬步相隨，不能如意；有時率眾下車步行，備極疲勞，所赴之點或非客所欲觀者。前於巴黎遊凡塞爾皇宮（Versailles），歸途下車步行數里，予著新購革履，其質堅硬，歸寓後足趾已擦破，血濡絲襪，所得見者舊輦[2]數輛而已。若獨自往遊，車費既廉（可附電車前往）且得盡興，而免奔波。若約友嚮導，尤較安適，但此僅為時日寬裕久住之客而論。若遊客時間匆促，所至之處僅小住一二日者，自以加入公司之遊覽隊為便耳。

至於旅費，除匯票外，有旅客支票及信票。若只往一處久居者，用匯票；若往多處，用旅客支票；若漫遊各國而無定所、費用浩大者，用信票。惟以上各票只能取於銀行，若晨、暮及星期日、假日等則無處可取。應備現幣少許，以美金為各處所歡迎，無論何時何地皆可兌換。

至於寄宿，當深夜下車，每投車站附近之旅館而不計其佳否，次日即覓遷適當之所。惟有時小旅館之價或反較大旅館為昂，蓋大旅館營業公正誠實不欺故也。除食宿外，尚有捐稅等雜費；正賬之外，復加小賬，名曰「使役費」，大抵十分或十五分，甚至有二十分者（凡旅館愈小，雜費愈多）。此等情形，與美國完全不同。其取小賬者，遊客即不另賞僕役，惟於特別服役之事酌給賞

AMERICAN EDITION.

COOKS EXCURSIONIST

And Home and Foreign Tourist Advertiser.

Published by THOMAS COOK & SON, Tourist and General Passenger Agents.

ORIGINATORS OF THE TOURIST AND EXCURSION SYSTEM.

柯克公司出版的刊物

資耳。

護照須隨身攜帶。凡欲經行之國，皆須預往其領署簽印，且須親往，勿託旅館。因旅館既索取代往之費，而所辦之事又多不確。此為予經驗所知也。

註解

1 瞶：盲人。
2 輦：以人力挽行、推拉的車。

由法赴瑞士

予定計取由法至義之路線，此路甚長而饒風景，須先經瑞士，乃往柯克公司預購車票，並詢明沿途名勝地點，票限十日，可隨處小住遊覽。後予查知尚有限用兩月之票，蓋國內及國外各一月，予後屢購用之，價亦相同也。四月二十日晨，由巴黎請一能法語之美國友人伴往車站為通譯寄運行李，計僅一箱，即付費掛號。上海出版之《遊歐須知》等書謂歐洲無代寄行李制度，須自僱人搬運登車者誤也（或當年如此，而今非矣）。友人送予登車後略談即去。車已開行，予獨坐，同室已先有四客，皆操英語，予聞之竊喜。然此為予初次在歐旅行耳，其後雖同車無能英語之人，予亦無畏。將抵法之邊界，有登車查驗護照者，有查詢攜帶現幣若干出境者（大抵不許多數現幣出境）。他客告予，所運箱筒須於此處自往行李房（或行李車）開鎖請驗，否則被擱於此，予即遵辦。此節甚關重要，其後予每將旅行，於購路券之時即預詢明何處為邊界，及應查驗之地點，蓋入境、出境皆須檢驗也。薄暮，抵瑞士之芒特如[1]（Montreux），為諸名勝之一，予行程中所預計必遊者。乃匆匆下車，然不自知將投宿何所，姑查看情形。手提小皮篋步出站門，於群眾熙攘中見一人冠上標「美國通運公司」等字，知其必解英語。乃詢以有何旅館，彼指示湖邊。果一巍大旅館，乃投止焉。瑞士旅館精潔勝於巴黎，而價則較廉，房金每日瑞幣十佛郎，約合華幣五元[2]，膳食另計。註冊時索閱護照，並證明原籍住址。然於故國予本無家，乃註以無（又如存款於銀行，除故國住址，父母夫或妻並兄弟姊妹，予皆註以無）。侍者導予入寢室，綺麗新潔，至為安適。日暮體倦，不克理妝入餐堂，乃囑女傭為進薄膳。予操不完全之法語，竟能達意，可知習一言即有一用。歐洲各旅館男職員大抵皆略能英語，女僕則否。瑞士通用法語。凡局面較優之所，如旅館、輪船等，晚餐多御禮服，不可草率貽羞公眾場所間。有不修邊幅、不慎儀止者，應鑑戒而勿效尤，不惟須合本人之身分，亦以保持吾華大國之風度。

註解

1 芒特如：今譯作蒙特勒。

2 中國一九二〇年代，一塊銀元可兌換兩、三百個銅板；三至四塊銀元在上海可買到一擔大米；一、兩個銅板可買到一個雞蛋。（參考《張靜江、張石銘家族：一個傳奇家族的歷史紀實》、《銀元時代生活史》、《文化人的經濟生活》）

芒特如之風景

晨興，縱覽風景，全埠為光氣籠罩。蓋湖光山色，益以朝霞積雪混合而成，色彩濃厚。吾國古詩「曉來江氣連城白，雨後山光滿郭青」[1]之句，僅表示青、白二色。此則瑤峰環拱，皚皚一白中，泛以姹紫，湖面靚碧微騰，寶氣氤氳，漫天匝地，而樓影參差，花枝繁簇可隱約見之。須臾，旭日高升，晴暉爍眼。又憶及杜工部[2]詩：「漠漠輕陰向晚開，青天白日映樓台。曲江水暖花千樹，為底忙時不肯來。」可相彷彿云。

芒特如前臨日內瓦湖（Lake of Geneva），各大旅館所在。館前皆有花圃，芳樹奇葩，燦爛如錦。東市曰維倫甫[3]（Villenuve），西市曰未繁[4]（Vevey），電車往來其間，二小時可盡。街市小而整潔，最宜散步，不似紐約、巴黎等巨埠之紛擾也。城內多溪，奔流激湍，穿闤闠[5]而歸於湖，色渾碧，其量似重，據云為歐洲第一滋養之飲料。予所居旅館即臨湖濱，最佔優勝。館作半環形，前為平台，石檻迂迴，樹以華燈，高聳雲表。燈圓而巨，纍如明珠，光逾皓月。會餐時，三面玻窗，群峰環映，蒼松積雪，歷歷如繪，眾賓雅集，真可謂群玉山頭瑤台月下，非復人間矣。

湖濱多魚，阡陌植桑，恍如浙之西湖，惟壯麗過之。近處古蹟有錫蘭堡[6]（Castle of Chillon），古為此城要塞。內儲十五世紀各武器，及軍犯囚處。大詩家別倫[7]（Byron）曾有專篇詠之。

東部有可薩別墅[8]（Kursaal），水木清華。黃昏時，茶座滿列，弦管幽颺，為消夏勝地。遊人無論願往與否，皆須購入覽券，且逐日納稅，由所居旅館徵收。據云為維持教堂之用。入座後，茶酒等費所需亦多。故遊客儘可購券，不必逐日前往也。

湖後為山，共分三級：第一為葛力昂[9]（Glion），中層為蔻[10]（Caux），山巔為饒席德內[11]（Rochers De Naye），乃最高處。遊人可宿於此，觀日出及日落於愛爾伯山[12]（Alps）。上山火車僅由五月至十月開駛。予抵芒特如時序尚早，故未登山，惟於湖濱勾留三日即去。得詩如左：

丁卯暮春遊瑞士

誰調濃彩與奇香，造就仙都隔下方。海映花城騰豔靄，霞渲雪嶺炫瑤光。
鳴禽合奏天然樂，靜女同羞時世妝。安得一廛[13]相假借，餘生淪隱水雲鄉。

西庸堡（攝於 1890-1900 年間）

註解

1 「別離已久猶為郡，閑向春風倒酒瓶。送客特過沙口堰，看花多上水心亭。曉來江氣連城白，雨後山光滿郭青。到此詩情應更遠，醉中高詠有誰聽」。此為唐代詩人張籍的作品〈寄和州劉使君〉。

2 此處有誤，此詩作者應為韓愈〈同水部張員外籍曲江春遊寄白二十二舍人〉：「漠漠輕陰向晚開，青天白日映樓台。曲江水暖花千樹，為底忙時不肯來。」

3 維倫甫：今譯作維勒訥沃。

4 未繁：今譯作沃韋。

5 闤闠：市場。

6 錫蘭堡：今譯作西庸堡。

7 別倫：今譯作拜倫（George Gordon Byron, 1788-1824），英國詩人。拜倫於一八一六年寫成〈西庸的囚犯〉（The Prisoner of Chillon），敘述一位被囚禁在西庸監獄的革命者博尼瓦爾（François Bonivard, 1493-1570）的人生。

8 可薩：今譯作庫薩爾。

9 葛力昂：今譯作格里昂。

10 蔻：今譯作考克斯。

11 饒席德內：今譯作羅什德內。

12 愛爾伯山：今譯作阿爾卑斯山。

13 廛：古代城市中可供平民居住的宅地。

1910-1920 年間的蒙特勒

斯特瑞撒

予詢柯克公司由瑞赴義沿途有何名勝，彼等謂過此則為斯特瑞撒[1]（Stresa），風景甚麗云，予即前往。啟行時，旅瑞僕役某告予，行經某處（似係瓦羅爾伯[2]〔Vallorbe〕，不能確記），箱筒須啟驗，切記勿忘。蓋瑞義交界之處，否則被其阻留。予甚佩此僕之有經驗而惠及行旅，勝於鐵路局及經理旅行各公司。屆時啟驗，始獲運行。同車美國喬濟夫人聞予能英語，遣其夫詢予由何處習得，答以曾留紐約數年。彼等係往密蘭[3]（Milan）者，勸予同往，謂斯特瑞撒地區甚小，無可遊覽。予因行李已付鐵路運赴斯特瑞撒，未便他往。薄暮抵該處，果係小鎮，而山多松篁，及緋花濃豔之茶樹掩映於飛瀑間，景尚不惡。有樓台小築於湖心，一望瞭然，無多丘壑。步行山麓，得一酒店，入座就餐。侍者能英語，予睹壁間懸有「中國」（China）字樣，詢何所指，答為酒商之廣告。索飲其酒，則謂從不識中國酒為何物，如有興致試進土釀（義境所製）何如？予頷[4]之。其味濃烈，略嘗已醺，即歸旅館。

註解

1 斯特瑞撒：今譯作史特雷薩。
2 瓦羅爾伯：今譯作瓦洛爾布。
3 密蘭：今譯作米蘭。
4 頷：微微點頭，表示招呼、應允或嘉許的意思。

義境巨埠密蘭

次晨，挈裝往密蘭，為境之巨埠。登車覓座，一客貌似法人，操純熟之英語，歡然讓座，若為素稔者。談次詢以密蘭有何上等客寓，昨宿斯特瑞撒，室中無熱水管，殊感不便云。該客即書一紙見示，曰予介紹此旅館必洽尊意，該處有熱水有冷水，且有自來水云云。予知此傖[1]隨口亂言，殊不可恃，且於沿途登車之客，遇婦女則曲獻殷勤，遇男子則傲慢不遜，予愈薄之。午抵密蘭，該客導予領取行李，代賃一馬車，曰：「汝可逕往該旅館，予少緩亦來。」遂匆匆去。車行甚久，予嫌路遠欲改適他處，而御者不解予語，只得任之。及抵該處，旅館尚佳，惟地址僻遠，且館員不解英語。予大悔，恨為該客所誤立欲他往，惟初入義境，不惟言語不通，且不知有何旅館，予躁急徘徊，頓足無可為計。此為平生所經之一趣境。凡讀吾此記者，若身歷其境，不知將何以為計。予忽憶及柯克公司，因其分局遍設各處眾所共知，乃書「Thos. Cook」於紙，自指己身，並指大門，示意欲往該處，館員立悟，為僱一車，並告御者以住址。予遂挈箱乘之前往，果得之通衢。下車置箱其間，備訴所經，託為覓一近市之旅館。彼等由電話探詢多處，皆答以客滿無所棲止。蓋逢賽會之期，而義之皇太子駕臨密蘭，故遊人雲集滿坑滿谷。僅一旅館答以晚間或可得一下榻地，予恐屆時無著勢必露宿，莫如乘火車往佛勞蘭斯[2]（Florence），為路線必經，且預計欲遊之地，即向該公司探詢下午三時之車。方討論間，忽背後有人以報紙拍予肩曰：「汝亦來乎？」予詫此地何逢戚友，回首視之，則前赴斯特瑞撒時同車之客美國人喬濟也，其妻、子等亦同來。予告以故。彼請予往彼所寓之館，或可覓得一室，乃同往焉。詎又客滿無隙地。喬濟遂僱車送予往車站，其二子年皆八九齡，亦歡然同車相送。喬濟導予寄裝、驗票，奔馳於左右兩站，於群眾擁擠中置此二童不顧。彼等追隨於後，不惟未失散，且能為予照應行李，發言如成年之人，殊聰慧可喜。而喬濟等以予能操同類之語言遂親如家族，其尚友有足多者。

註解

1 傖：粗俗、粗鄙的人。

2 佛勞蘭斯 (Florence)：今譯作佛羅倫斯。

義人之親善

凡巨埠車站車輛甚多，搭客須認明無誤，免入歧途。予登車後持券示他客，詢此車是否往佛勞蘭斯者，答曰「昔昔」（Si Si）——此予第一次聞義大利語，猶英語中之「也斯」。座客甚滿，予幸分得一席，然嫌擁擠，僅置小件於座處，如帽或傘等，以保守此位（此為歐俗，後至之客見有物在，則不佔取其位），己則立於廂門外，憑窗眺景。諸客時啟罐貯食品，輒呼予同食。予不欲拂其意，勉取少許。讀者須知，凡舟車中慎勿輕受不相識者之煙茶食品，防匪徒暗置悶藥以盜財物。然予知彼等皆良民，故敢接受之。晚七時抵波羅納1（Bologna），予知抵佛勞蘭斯當在十一點三刻，夜深諸多不便，莫如於波羅納下車一宿，可於次晨登他車前往較為安適（所執為通票，不限定原車）。乃向諸客告辭，顧眾阻予勿下，謂此處並非佛勞蘭斯。予解彼等之意，但彼等不解予意，方言互異無法說明，惟有笑謝之而強自下車。彼等急覓一譯員來，其人為伶俐少年，著制服，冠上標有英文之「鐵路翻譯」等字，予始獲說明己意。彼甚贊成，乃導予至車站附近之旅館。彼詢予國籍，乃答以中華。彼曰：「汝貌甚佳，頗似歐人，不類華人。」予思此少年未必曾到遠東，竟臆斷謂華人貌皆惡劣，必聞諸謠傳，或見之滑稽圖畫耳。予所賃室寬大，較賃之巨埠者不啻倍蓰[2]，而價僅及半，且得早為安息，免深夜旅行之苦。此夕未往佛勞蘭斯，自幸得計。該寓與餐館毗連，即往進膳。索熱牛乳，侍者不解英語，試以法語亦不解，予乃取片紙畫一牛，復取杯作飲狀，彼始領悟。予遊歐洲作手勢以代言語其用較廣，真所謂「啞旅行」也。次日晨起，往車站待車。見廣告欄內（即告示牌）插有圖畫一幅，似由相片印刷者。其畫為中西人雜列，憑木柵聚觀華人戴瓜皮帽，婦女則梳上海髻，註有義大利文字。果為何事？何故懸示於此？殊所不解。旋見昨之譯員前來，向予道晨安，並導登車暨購餐券。惜予未詢彼該圖畫為何事，蓋匆忙未暇憶及也。

註解

1 波羅納：今譯作波隆那。
2 倍蓰：由一倍至五倍，形容數量眾多。

花城

佛勞蘭斯別號「花城」（The City of Flowers），義文之名則為「斐蘭斯」（Firenze），位於愛爾諾[1]（Arno）山谷之間，富於圖畫及雕刻品。以美術淵藪著名世界者原有二城，亞然斯[2]（Athens）及佛勞蘭斯是也。古之亞然斯已成陳跡，今惟佛勞蘭斯獨稱於義大利境。而大美術家、詩家如丹特[3]（Dante）、派他[4]（Petrarch）、鮑卡西[5]（Boccaccio）、加立利[6]（Galileo）、密且安吉婁[7]（Michelangelo）、里昂納斗．文西[8]（Leonardo Da Vinci）、班維納頭．西立尼[9]（Benvenuto Cellini）、安德．薩頭[10]（Andrea del Sarto）等，皆誕生於此。

圖畫院最著者為幽斐斯[11]（Uffizi Gallery），並附屬一小者 Pitti Gallery[12]，內儲油畫、石像甚夥，皆名雋之品。美術家多攜器具前往摹繪，任遊客佇觀，彼等夷然工作。一女畫家且告予，彼所繪者為法帝拿坡倫之妹云。

建築有麥迪西寺[13]（Medici Chapel），極形壯麗，為麥迪西大公（Grand

Duke Medici）之舊邸，建於一六〇四年，靡金一百萬鎊。麥氏家族皆列裸體石像，屍棺即瘞[14]其下。壁柱皆天然彩石，鏤金嵌玉。室頂作圓穹形，精繪宗教及戰史，栩栩如生。試拂去壁塵，則歷歷反映於壁，蓋石壁摩擦極光，無異明鏡。此古宅外形樸質殘缺，遊者身入其中方為驚愕讚嘆，蓋聚瑰寶而成於鬼斧神工之名手，光彩隱鑠於古氣陰森中，令人生異感，以北京之宮陵較之，瞠[15]乎後矣。

此城刻石之工尤為精絕。予曾遊覽其工廠，廠內聚各種天然彩石，先繪彩色人物花卉等為標本，然後刻石嵌之，彷彿吾國之景泰藍製法，惟深淺凸凹陰陽向背儼然如生，與照相無異。試觀背面，則針鋒錯綜，聚千百碎片而成。蓋必選配色澤，使融合無間，而不用人工之染，必天然物材之富，益以工藝之精，方克成之，可任意洗滌，永無褪色之虞。方製一王后巨像，明珠翠羽，流眄生姿。筆繪尚難，況成於嵌石乎？城外近海有村曰「匹薩」[16]（Pisa），建一欹塔（Leaning Tower），亦著名之作。塔共八層，故作欹斜欲倒之勢，觀者以為危也，然穩妥終不傾圮。予因路遠未曾往觀，但見其照相耳。

愛爾諾河（約攝於 1920 年間）

彼提宮（約攝於 1900 年間）

比薩斜塔（攝於 1920 至 1935 年間）

註解

1 愛爾諾：今譯作阿諾。

2 亞然斯：今譯作雅典。

3 丹特：今譯作但丁（Dante Alighieri, 1265-1321）：義大利中世紀詩人，以史詩《神曲》名留後世。

4 派他：今譯作佩脫拉克（Francesco Petrarch, 1304-1374）：義大利學者、詩人和人文主義者。

5 鮑卡西：今譯作薄伽丘（Giovanni Boccaccio, 1313-1375）：義大利文藝復興時期的作家詩人，著有《十日談》。

6 加立利：今譯作伽利略（Galileo Galilei, 1564-1642）。

7 密且．安吉婁：今譯作米開朗基羅（Michelangelo, 1475-1564）。

8 里昂納斗．文西：今譯作達文西（Leonardo da Vinci, 1452-1519）。

9 班維納頭．西立尼：今譯作切利尼（Benvenuto Cellini, 1500-1571），義大利文藝復興時期的金匠、藝術家。

10 安德．薩頭：今譯作薩爾托（Andrea del Sarto, 1486-1530），佛羅倫斯文藝復興時期的畫家。

11 幽斐斯：今譯作烏菲茲。

12 Pitri Gallery：今譯作彼提宮（The Palazzo Pitri）。

13 麥迪西寺：今譯作聖母百花大教堂。

14 瘞：掩埋。

15 瞠：驚視。

16 匹薩：今譯作比薩。

三笑

予雖孤蹤踽踽[1]，每自成欣賞，笑口常開，抵佛勞蘭斯之次晨，計半日間曾轀噱[2]三次。往美國通運公司就一職員詢事時，忽來一媼[3]向該員咆哮，出示一字片，謂被所誤。該員接閱之，謂此字非己所書，與己無涉。媼遲疑，曰：「其人貌與汝相似，或即是汝。」眾為哄笑，予亦捧腹。旋往柯克公司取錢，職員某書一支票，字甚密滿，蓋照例註明某銀行所發款數、日期等。予因所支之數甚小，故不注意，惟見有二百十九等字，遂予簽名。該員給義幣二百十七枚，謂此係今日市價。予曰：「不可。因予已簽名收到二百十九枚，必須如數與我。汝既誤寫，汝自負責。」該員笑曰：「二百十九乃支票號碼，並非錢數。」予視之，果然，乃大笑。復往他部辦事畢，偶睹該員方理簿冊而仍匿笑。予詰之曰：「此等細故，何久笑不已？」彼愈笑不可忍，遂相與再笑而罷。予購券加入該公司之遊覽隊，每四人一組，雙馬駕車，約四五輛，以一人統導之。眾皆獲座，予獨向隅，恚[4]甚，繞行辦事室間詰責，職員等笑領予至門外覓車，領導人曰：「勿躁，自有道理。」旋示予一獨馬之車，予拒之曰：「眾皆乘雙馬之車，何予獨異？」彼曰：「此車只某君與汝二人乘之。汝得一男伴，不較勝多一馬乎？」眾復大笑。所謂「男伴」者乃英人，已授臂挽予登車，相將就座。是日所遊之處風景平常，不若領導人侈[5]誇之甚。惟曾大笑三次較為愉快耳。

註解

1 踽踽：孤單行走的樣子。
2 轀噱：大笑不止。
3 媼：老婦。
4 恚：憤怒。
5 侈：指誇大不實。

羅馬之遊

由佛勞蘭斯往羅馬（Rome），數小時即到青峰古堡，與其他都會風景特殊。曩讀《羅馬史》，心嚮往之。蓋法典、美術之淵源，萬邦所範；而政體嬗演，凡專制、共和、封建等制，皆早創之。今雖記憶弗詳，然親至其境，興趣復生。第一觸目者，即軍警林立，服制美觀，種種不一，大抵為警察常備軍、羽林軍等分散各處，靴聲橐橐，劍佩鏘然，與美、法等共和國氣象不同。予擬居此稍久，乃自規畫：第一日，櫛沐休息；第二日，散步街市，觀其概略；第三日，覓取地圖及說明書，自往遊覽。以後遊歷各城鎮，大抵皆按此進行也。

偶成七律一首

夕照鎔金燦古垣，羅京寫影入黃昏。海波淨似胡兒眼，石像靚傳娀女[1]魂。萬國珠槃存息壤，千秋文獻尚同源。無端小住成惆悵，多事迴車市酒門。

第五日，謁朱公使兆莘氏[2]，此為予自抵歐洲以來初次與國人相見。次夕宴於使署，朱公謂昨宴由北京返羅馬之義大利公使，曾由電話請予陪席，值予外出云。是夕，以久廢不用之國語談論甚暢。次日，使署秘書長朱英君偕其夫人汪道蘊女士過訪，並為予辦理向警署註冊之居留證。凡遊客居留稍久者，此為必需之事，巴黎亦然。

註解

1 即有娀氏。為上古時期帝嚳的次妃有娀氏簡翟（簡狄）的兒子卨（又名契，商的祖先），所創建的國家。屈原《離騷》曾提及：「望瑤台之偃蹇兮，見有娀之佚女。」東漢王逸作註：「有娀，國名。佚，美也。謂帝嚳之妃、契母簡狄也。」佚女，為「美女」的意思。

2 朱兆莘（一八七九—一九三二）：外交官。一九〇七年赴美國留學，獲得商務財政大學學士學位。先後曾任中國駐舊金山總領事、中國駐英國代辦、中國駐義大利公使。一九二七年，接南京國民政府的歸國敕令，回國後出任國民政府外交部政務次長。

羅曼法羅穆

著名之古蹟為羅曼法羅穆[1]（Roman Forum），乃古市場及議院、法庭等，建於紀元前六百餘年。自四世紀後，迭遭外侮，精美之石柱等多被敵人移去，屋宇傾圮，遂成廢墟，斷礎殘甃散臥於野花夕照之中，時見蜥蜴出入，銅駝荊棘，有同慨焉。地區廣袤，遺址甚多，政府設專局從事採掘，以便保存。予曾遊覽其間，土窟陰深，映掩刻石，多希臘、埃及文藻，古色蒼然。

註解

1 羅曼法羅穆：今譯作古羅馬廣場。

珂羅賽穆鬥獸場

大建築為珂羅賽穆（Colosseum）之鬥獸場，工程甚巨，高一五十餘碼，闊一百七十餘碼，座位八萬餘，於西曆七十年開始營造後，復次第加增各部，閱十餘載方成。周圍列座，中闢鬥場，下層為獸窟。開會之期，以勇士與猛獸格鬥，舉國臨觀。或謂率獸食人，以囚犯投入，膏其牙吻。然就今日溫婉多情之羅馬人觀之，殊難信其民族當日有此殘暴之舉。此場外觀圓形，共四層，已缺其半。

1920 年代的羅馬旅遊海報

聖彼德堂與教皇宮

教堂之大者為聖彼德[1]（S. Pietro），毗連教皇宮[2]（Vaticano），五世紀時所營造，位於羅馬西城惕伯爾河[3]（Tiber）之右。過河有橋曰 Ponte Sant'Angelo[4]，建築精麗，天使石像分立兩旁，鼓翼翔空，射影於翠漪雪炬之中。過橋為廣場，作圜形，中立金字石塔，左右分列噴泉，池甚高。正面為教堂，高四百尺，深六百尺，巍峨瑰麗，盛暑生寒，而彼德之銅像立於中央，歷代教皇葬於此者一百六十人。入堂之右門，折入其後，及左，即教皇宮，附美術、博物等院，貯油畫、石像甚富，大抵皆宗教畫，石像則帝皇、名宿外，多神話時代之愛惜司[5]（Isis）、阿普婁[6]（Apollo）等像，且多中國古董，蓋運自北京者。

註解

1 聖彼德：今譯作聖彼德大教堂。

2 教皇宮：即使徒宮（Palazzo Apostolico），為天主教多任教宗的官邸。

聖彼德廣場

3 惕伯爾河：今譯作台伯河。
4 Ponte Sant'Angelo：聖天使橋（又名哈德良橋）。
5 愛惜司：今譯作伊西絲，為古埃及的母性與生育之神。
6 阿普婁：今譯作阿波羅，古希臘神話中的光明與文藝之神，古羅馬神話中的太陽神。

人骨寺之創觀

偶見市售相片，彷彿寺院，滿列髑髏，奇之，詢明地址，逕往遊覽，則為加波昔尼教堂1（Cappuccini）。堂後數室毗連，滿貯髑髏，不下千萬。室頂及壁皆以人骨（乃小件之全者）編綴為飾，直可謂之「人骨寺」耳。一西人方佇觀，見予即呼曰：「速來此觀之，汝知此累累者何物乎？」語時並挈一老僧，示予曰：「二百年前即此物耳」。該僧默無一言，不知其感想何若。又謂，此項僧骨共四千餘具，葬時不用棺槥，裸埋土中，六年後取出陳列於此。又詢予國籍，答以中華。予轉詢彼，則喈2然曰：「我亦華人耳。」然予知其必屬美國，若英人則未必如是之輕薄也。彼旋偕老僧他往，予獨立其中，見頭顱累累如貫珠，及指掌森森如繒3貝。左右兩土坑：左置全骸多具，皆枯白之骨；右坑置腐蠟殭屍，身著衣服，手執經卷，仰臥側倚，狀態如生，但皆皮縮肉黯，毛髮齒甲猶宛然可辨，即埃及藥殮之莫木米4（Mummy）之類也。墓室幽黯陰森，予無恐怖，且手撫髑髏，試叩其聲。蓋年來浪遊，駭目驚心之事見之廣矣。予出室後，見老僧方佇立門外，俟予出而闔其扉，給以小銀幣數枚，彼亦受之。身居是間，人生觀當大澈大悟，阿堵物[5]應淡忘也。

註解

1 加波昔尼教堂：即白骨堂，堂內有由四千多名方濟會修士的骸骨堆疊成的裝飾。
2 唶：嘆息。
3 繒：絲織品的總稱。
4 莫木米：即「木乃伊」。
5 阿堵物：即「錢」。

波格斯美術館

波格斯美術館[1]（Borghese Gallery）建於十七世紀之初，前部為恩波圖第一之別墅（Villa Umberto I），館雖不廣儲，品甚精。名作如拿坡倫妹寶蓮．邦那巴[2]（Pauline Bonaparte）之石像：寶蓮先嫁萊克勒將軍（General Leclerc）而孀，改適加米婁．波格斯太子[3]（Prince Camillo Borghese），歿於一八三二年。寶蓮貌僅中人，而琢工之美則臻極品，裸體欹臥於榻，革褥棉茵皆形溫軟，悉石質也；阿普婁及達芬[4]（Daphane）男女二神石像：相持裸立，荇藻縈身，水痕下瀝，表示自海中出；美女樸拉賽賓[5]（Proserpine）被擄之石像：一虯髯龐大之惡魔攫女於臂，其筋骨暴露之手著女體，致肉凹陷，愈形其柔澤，女惶恐撐扎，淚痕被頰，一強一弱，相形宛然，悉出於石工。下伏一體三首之獰犬為鬼國守獄門者，為伯尼尼[6]（Bernini）之傑作，一六二二年紅衣主教昔平．波格斯[7]（Cardinal Scipione Borghese）將此品贈與盧豆維昔主教[8]（Cardinal Ludovisi），近為義大利孀后瑪格立他9（Margherita）復由盧氏購還，置於原處。又大衛德（David）之石像，勇毅絕倫，亦伯尼尼所作，寫實派之畫法成之石工，此為絕詣。揆諸藝術進化之理，當更別闢蹊徑，或更如東洋派之寫意，然較寫實尤難，當期之異日耳。圖畫則有密且安吉婁（Michelangelo）及鐵先10（Tiziano）等名家之作。世人恆誤認猥褻為愛情，鐵先所作《聖潔愛情》之圖僅女郎及童稚，而無男子，陳義甚高，此所以為聖潔也。

註解

1 波格斯美術館：今譯波格賽美術館。

2 寶蓮・邦那巴：今譯寶琳・波拿巴（Pauline Bonaparte, 1780-1825）。

3 加米婁・波格斯太子：今譯卡密羅・波格賽（Camillo Borghese, 6th Prince of Sulmona, 1775-1832）。波格賽家族成員之一，一八〇四年獲得了拿破崙授予法國王子、一八〇五年授予帝國衛隊總司令等頭銜。

4 達芬：今譯達芙妮，即希臘神話中被阿波羅熱烈追求的月桂女神。

5 樸拉賽賓：古羅馬女神（即希臘神話中的 Persephone），被哈得斯（Hades）擄走帶回冥界當他的妻子。

6 伯尼尼：今譯貝尼尼（Giovanni Lorenzo Bernini, 1598-1680）。義大利雕塑家、建築師、畫家，雕刻作品中除了《阿波羅與達芙妮》之外，還有《聖女大德蘭的神魂超拔》（Estasi di Santa Teresa）為其重要作品。

7 昔平・波格斯：今譯西皮歐尼・波格賽（Scipione Borghese, 1577-1633），為義大利的紅衣主教，亦是畫作、雕塑和古骨收藏家，都存放在波格賽公園的別墅內，被國家收歸國有後，成立了波格賽美術館。

8 盧豆維昔：今譯洛多維西（Ludovico Ludovisi, 1595-1632），為教皇格列高里十五世的侄子紅衣主教，亦是藝術品收藏家。

9 瑪格立他：今譯瑪格麗特王后（Margherita of Savoy, 1851-1926），其夫為義大利國王翁貝托一世（Umberto I of Italy, 1844-1900），一九〇〇年七月被一名無政府主義者刺殺身亡。

10 鐵先：今譯作提香（Titian, 1490-1576），為義大利文藝復興時代後期的威尼斯派畫家，重要作品有《神聖與世俗之愛》（Sacred and Profane Love）和《查理五世騎馬像》（Equestrian Portrait of Charles V）等。

寶琳・波拿巴雕像

卡匹透玲美術館

卡匹透玲美術館[1]（Capitoline）共分四部，遠近毗連，屋宇廣大，儲品尤豐，不暇詳覽。其關於羅馬歷史之物為一牝狼乳哺二小兒之銅像，據云為饒穆勒斯[2]（Romulus）及銳穆斯[3]（Remus）兄弟也。義大利古時有西麗維亞公主（Rea Silvia）者，父位被叔篡奪，迫主為尼於寺院中，不夫而孿生二子。叔責其失貞而生瘞[4]之，棄其二子於惕伯爾河。河流蕩之於岸，為牝狼拾取，歸穴而乳哺之。後復被他人覓得，撫養及長，竟復母讐[5]。於紀元前七百三十五年四月二十一日，饒穆勒斯建國，定名曰「羅馬」，故每年逢是日為開國紀念云。英國麥克當奈爾夫人給予《羅馬外史》一冊，讀之故知其概略。書中謂此古典夙為詩人所詠，即正史家亦有引為實據者。「狼乳」之說，聞者或訾為妄，或附會禎祥[6]，謂帝王之貴而得天佑，然皆非也。此類事古今中外迭見傳記，蓋出於獸類之慈善心，初無他異。《左傳》楚之令尹子文（人名確否，不能記憶，海外無書參考，祈閱者校正為荷）襁褓被棄而虎乳之。予數年前居紐約，見美報載某博士之子幼時走失，八年後得之於豹窟，力如虎豹，以兩手為前蹄，已生厚胼，行走如獸云。客冬，美之《舊金山報》紀：獵者獲二女孩於狼窟，確係歐人，其一頸間尚御有金鍊，不解言語，亦不解哭笑，但作狼嗥，使著衣服，輒撕裂之。某大學心理教授方殫其學力而教化之，務使返於人道，但較幼之女未幾即殤，惟長者方留養於該教授之家。論者謂此二女或係同時遺棄，被狼拾為螟蛉[7]耳。狼、虎、豹皆兇猛之獸，然吾人未研究其心理，安知其無慈善之念？其噬人者，或為拒敵起見，非盡擇肥取弱也。乃吾人類反而肉食而無惻隱之心，能不愧於禽獸？佛教戒殺，其理甚正，儒家遠庖廚之說亦同此旨，惟不貫徹耳。且吾人未盡研究佛學，安能斷定因果輪迴之說皆妄？現世遘兵燹[8]之劫，來世墮畜生道，亦應一計及也。予居巴黎，嘗從一法國叟卡斯惕朗（H. Castilhon）習法文，卡氏自稱通神學，課餘喜談因果，且謂凡事皆有定數。予初不信，彼則屢言「甚為確實，甚為確實」，其語音尚存吾耳膜也。

人類侈談美術、圖畫、雕刻，一切工藝僅物資之美，形而上者厥為美德。嘗謂世界進化最終之點曰「美」，美之廣義為善，凡一切殘暴欺詐皆為醜惡，譬之盜賊其行而錦繡其服，可為美乎？況以他類之痛苦流血，供己口腹之快，醜惡極矣！歐美有禁止虐待牲畜等會，未始非天良上一線之明，惟戒殺之說現僅少數人倡之中國耳。年前寓滬，曾擬創辦月刊，以「人類不傷人類」，及「人類不傷物類」二語為旨。走謁步君林屋乞為主任，步君嘆為願望太宏，予卒以事冗未暇舉辦為憾。平居雖未蔬食，然庖廚戒殺已將三載。客秋渡美，擬聯合日人提倡此說，而又未果。縱覽全球，齒革羽毛之利方孳孳[9]營製，而人人所著之履無一非革，勸以戒殺，鮮不嗤之以鼻者。哀此眾生，萬劫不復，惟有地球銷毀，方能湔[10]此醜惡。果能如是，吾身甘與偕亡，無復眷戀。然此為消極觀念，終望世人之具大智慧者成此大願也。

註解

1 卡匹透玲美術館：今譯作卡比托利歐博物館。
2 鐃穆勒斯：今譯作羅慕路斯（Romulus, 771-717 B.C.）。
3 銳穆斯：今譯作雷穆斯（Remus, 771-753 B.C.）。
4 瘞：掩埋。
5 讐：仇恨。
6 禎祥：吉祥的徵兆。
7 螟蛉：養子。
8 兵燹：因戰亂所造成的焚燒、破壞。
9 孶孶：勤勉不怠。
10 湔：清洗。

義帝二世紀念坊

卡匹透玲美術館之前為義帝二世[1]之紀念坊（Monument of Emmanuel），實即統一羅馬之第一帝也。帝作金身，騎金馬立於高台。台層疊旋迴，階級甚多，悉白石琢成。前列四杆，高聳雲表，上立天仙，拈花仗劍，或持樂器，亦皆金色。台之前面，石刻人馬甚精，左右兩噴泉池，日夜潺湲。建築尚未竣工，故色彩嶄新，玉宇金人，遙望可及，甚偉觀也。

註解

1 義帝二世：維克托．伊曼紐二世（Victor Emmanuel II of Italy, 1820-1878），為義大利統一後的第一位國王，在位年期為一八六一年至一八七八年。

羅馬之山林

《羅馬史》中稱有七山[1]，為巴拉丁（Palatine）、亞維丁（Aventine）、卡匹透玲（Capitoline）、克立納爾（Quirinal）、維密那爾（Viminal）、愛斯克令（Esquiline）、柯連（Coelian）是也。前述三山均近城市，餘則地址渺茫，莫能認定。而予所遊之山林，為平坵（Pinche）及惕佛里[2]（Tivoli），或謂即諸山之分脈。平坵實如平原，惟多林木，風景甚美。此處由潘玉宸夫人導遊，曾共坐品茗於茶室，微雨初過，樹香襲人，避暑之佳所也。惕佛里則為山巒，瀑布甚多，曲折傾瀉，有如吾國廬山之三疊泉，最大者銀瀧奔放，聲隆如雷，遠望白霧蒸騰，蓋水沫噴濺所致。或謂該泉成於人工，以羅馬噴泉之盛為世界冠，其言似近。有別墅曰 Villa d'Este[3]，畫壁斑剝，甚饒古意。

註解

1 羅馬七山：帕拉蒂尼山（Palatium）位於這七座山的中央位置，其餘六座山為阿文提諾山（Collis Aventinus）、卡比托利歐山（Capitolinus）、奎利那雷山（Quirinalis）、維米那勒山（Viminalis）、埃斯奎利諾山（Esquilinus）與西里歐山（Caelius）。

2 惕佛里：今譯作提佛里。

3 Villa d'Este：千泉宮，或譯作艾斯特別墅。

提佛里（攝於 1928-1947 年間）

車中之齟齬

遊興未闌，忽因事欲回巴黎，悵悵登車。天熱口渴，覓水不得。同車客某能英語，曾為予下車三次購橙解渴，亦未交談，因彼坐隔廂，不接近也。將抵法境，有二叟上車，坐予廂內。彼等吸煙，且以進予，予謝卻之。少頃，復來法國女子二人，廂益擁擠。午時，予往餐車進膳。膳畢回廂，見二女方各出殽[1]於紙袋，以手劈食，油污狼藉。一叟復餉予紙煙，乃接受之。二女知予返自餐車，飽而吸煙，觀彼等饕餮，乃惱羞成怒，謂予不應在車廂吸煙，予即停止。須臾，一叟復從衣袋中取雪茄煙作欲吸狀，予急以火柴進之，叟乃燃吸。予即向二女抗言曰：「彼亦吸煙，汝何不禁之？」二女曰：「汝吸煙時，吾等方餐而惡煙味。現將餐畢，故不禁止。」予曰：「車廂本非進餐之所，肉類油污，使同座憎嫌。此車本有餐室，汝何不往該處（二女因餐室價昂，故不往耳）？」惜予不能用法語說明，僅用英語，彼此略諳大意。一叟笑曰：「只許吸大枝雪茄，不許吸小枝紙煙。」予曰：「孰不許者？」乃故意取煙吸之，噴吐其氣，二女亦無如何。蓋彼等有意向予尋釁，故予亦不讓也。

註解

1 殽：通「肴」，指煮熟的食物。

1920 年代的羅馬火車站

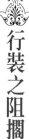

行裝之阻擱

予離羅馬時將行李交鐵路轉運，計只一箱，費百餘立爾[1]（義幣）。予訝其多，然言語不通，只得遵付。車行至邊界道茂道梭拉[2]（Domodossola），予聞行李須在此處啟驗方許出境，詢之車員，皆答以否。一客操英語曰：「勿憂。君之行李既係註明運往巴黎，應到巴黎領取。予（該客自稱）亦有箱寄往該處，沿途予不過問也。」予仍不信，復詢他客，一美國女子自稱能法語，願導予下車詢站員，予欣然從之。該女向站前佇立著制服之路員探詢，亦答以否。予無奈，只得作罷，然實大誤！當時應逕往行李房尋得己箱，開鎖請驗。人言不可盡信，探詢多人，徒費唇舌而反誤事，此等經驗，敢為遊歐者告。蓋予抵巴黎而行李竟未到，詢之站員，始知實因未啟驗阻擱於道茂道梭拉。而日用必需之一切物件皆在此箱，且巴黎氣候較寒，予來自溫暖之義國，身著單衣，忍寒趨往柯克公司，請其設法。彼等閱予之行李票，曰：「此箱已由鐵路保險。」予曰：「否。惟由美國公司保險耳」。彼等指示票背曰：「由鐵路保險五千立爾。」予始悟前付該站之百餘立爾非僅運費，乃兼保險費耳。然予當時並未請保，更未言及五千之數，此額由誰所定，詎非笑談？不諳方言，竟誤演此等事，實殊為奇特。柯克公司允代為覓還此箱，須將鑰匙交彼，以便寄往開鎖驗物，並須給費一百五十佛郎，予悉遵辦。待至第五日箱始寄到，而此五日中所受困難為何如耶？靡費金錢猶其次耳。

註解

1 立爾：即義大利里拉（lira italiana）。
2 道茂道梭拉：今譯作多莫多索拉。

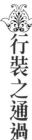

行裝之通過

費時兼旬[1]，將巴黎諸事略微整理，仍遵原路由法往瑞、義等國，但於沿途名勝之區前所疏略未得暢遊者，乃一一勾留。鑑於前番行李之阻擱，乃鄭重詢明應驗之地點，知為法瑞交界之伯利加[2]（Bellegarde）。行屆該處，車停時予即下車。諸客止予，謂少頃有吏上車簽驗護照，須坐待車中。予不解諸客語，一英人為之通譯。予略說明其故（即前番行李之阻擱），不聽諸客之勸，毅然下車，寧願因護照未驗不得入境，不願遺失行李。到站覓得箱之所在，開鎖請驗畢，返入車中，二分鐘後車即開駛。眾仍謂予不應離車，致護照未得簽印，予亦聽之。蓋時間如此匆促，事難兼顧，容抵境再設法耳。及抵日內瓦站口，仍有吏員查驗護照，予即呈閱，彼為簽字加鈐[3]，予竟得安然入境。行李亦同時到站，予取之入旅館，諸事告妥貼矣。次日，遇車中通譯之英人於途。彼告予，謂其行李被阻，恰如予前次所述情形，且誇予未從眾言，實有卓見。又謂政府有意阻礙行旅藉以取費云云，自係憤激之詞，而非事實。予惟不解鐵路局何不於旅客交付行李之時，即為驗明而後收受代運，乃於中途查驗。旅客多來自異國，不諳規例，最易忽略，應於此節特別榜示於車中，用英、法、德各種通行文字，喚客注意。而包辦旅行各公司應於售路券時即指示購者，免其受累，使旅客安適滿意，亦即營業之利益也。

註解

1 兼旬：二十天。
2 伯利加：今譯作貝利加德。
3 鈐：蓋印。

日內瓦

瑞士山水馳譽寰球，尤以湖著名，即 Lake of Geneva。芒特如乃湖頭，而建尼瓦 Geneva（國人多譯為日內瓦）則為湖尾。國際聯盟會（The League of Nations）所在，亦遊人薈萃之區。地位高出海面一千二百五十尺，居民一百三十餘萬，教育、工藝甚盛，水土醇美，適於衛生。街市亦整潔寬大，可為模範。兩岸相對，通以七橋，橋皆坦闊如輦路，但愈近湖尾而橋愈短。碧漪翠嶂，映以瑰麗之建築，如貴婦嚴妝，輝采四溢，而天際雪山環繞，淡白之光適以調和過濃之景色，惟夕照時，赤晶明透，豔如瑪瑙，復使遊人駐足，回首翹瞻天末，而地面景物悉為減色矣。湖濱有極高之噴泉，曰 Jet D'eau 1，據云為世界冠，泉煥彩光，不審為日暉所映，抑用別法成之。湖濱之路曰 Rue du Ponte Blanc，攬全湖風景之勝，各大旅館及舞場、茶社櫛比鱗次，歌舞通宵。過橋為商場，地面較廣。沿岸汽艇甚多，載客渡湖，僅銀十五分，可免步行過橋，往來甚便。博物院、音樂館及寺廟等皆備，不暇覼舉。

註解

1 大噴泉：為大型人工噴泉。

湖濱之路（攝於 1923 年）

日內瓦湖之盪舟

旅居無俚[1]，每晚往隔壁之劇場聽歌，晝則常坐磯[2]頭觀釣，或附汽艇渡湖，但不登岸，仍坐原艇歸來，藉以消遣而已。尤愛瓜皮小艇，僅能載二三人，遊客租用，須自搖槳，扁舟容與於湖光山色中，自饒雅趣，非機聲軋軋之汽艇可比也。惟予既無伴侶，又不善操舟，每見他人相攜登舟，搖入遠煙夕照，輒為神往，急欲一試為快，然惟望洋而嘆耳。某日午後，沿堤散步，一少年艤舟[3]旁岸，憑堤檻，操英語詢予曰：「汝肯偕我泛棹湖中乎？」予思捨此更無機會，略一沉吟，即展錢袋示之曰：「予所有者，僅此小銀幣三枚，可悉與汝，但恐不敷其價耳。」彼笑曰：「予無需此。」即扶予登舟，鼓枻[4]去矣。然予此行極為謬妄，願讀吾此記者，切勿效尤！蓋予為孤客，不惟人地生疏，且不諳方言、不善搖槳，乃隨陌路之人捨陸登舟以去，不啻以生命付其掌握，其不遇險者幸耳！談次，知彼為土著，生長湖濱，隨其父母居此，從未他往，其英語自校中習得云。予於舟中賞玩風景，轉覺不及在岸遠觀之波光帆影為可愛，身歷其境，興趣即減，世事大抵如此。該湖面積甚巨，波藍如海，較吾浙之西湖富麗有餘，而幽蒨似遜，惜「楊柳岸，曉風殘月」之句，不足為胡兒道耳。少頃，予覺疲倦欲歸，彼勸偃息[5]船面，解其大衣覆予，即與予對面臥。予曰：「湖面輪船往來甚夥，此小舟若無人主持，恐被衝激。」彼笑曰：「以此美麗之湖為歸宿，亦大佳事。汝乃視生命如是其重耶？」予躁急曰：「汝不操舟，予將起而代之！」乃起把槳，顧格於水力，重不克舉。彼起旁助曰：「放乎中流，尚無危險。若任汝鼓棹，則必傾覆耳。」然予於數小時間得彼教授，略諳此技，惟進行甚緩，抵岸時，已夕照銜山矣。彼願教予法語，約定星期一來予寓授課，乃別去。然星期六夕，予忽變計欲往芒特如，即作函告之，次晨八時登車行矣。計留日內瓦七日。曾訪朱兆莘公使於聯盟會未遇，彼旋偕其秘書朱君伯然謁予，並邀同往萬國總會（International Club）晚餐而散。

註解

1 俚：依託、聊賴。
2 磯：突出江邊的岩石或小石山。
3 艤舟：把船停靠在岸邊。
4 鼓枻：搖槳行船。
5 偃息：休息。

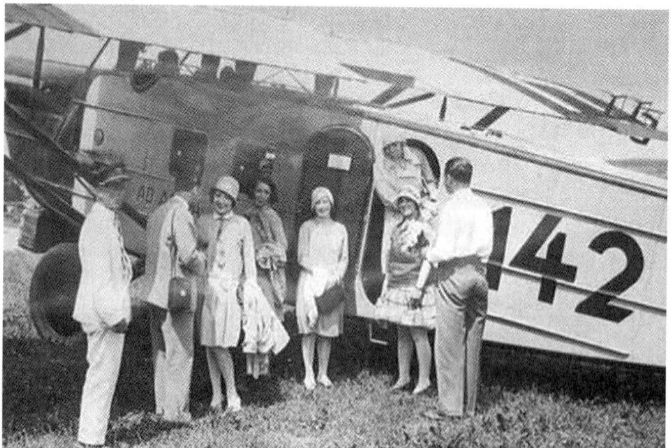

此為瑞士 Ad Astra Aero 航空的民航飛機（攝於 1927 年）。於 1931 年與 Balair 航空合併，組成現在的瑞士航空。

赴芒特如

火車行二三小時，即抵芒特如。天忽陰霾，風雨淒淒，眷念前遊，惘然如夢。得《日內瓦湖》短歌四首如左：

其一　歌舞沸湖濱，約盟聯國際。文軌萬方歧，珠履三千會。

其二　循環數七橋，七橋有長短。橋短繫情長，橋長響屧遠。

其三　蓋世此噴泉，泉頭天畔起。濺玉復飛珠，蓮花和淚洗。

其四　今日到湖頭，昨宵宿湖尾。頭尾尚相連，墜歡如逝水。

登臨雪山

兩月前曾遊芒特如，別時以為不再到矣。今舊境重臨，悲喜交集，山水因緣，益以自身環境之特異，故多感慨。且前次未得登山，今償夙願，殆亦山靈之默契耶？山分三級，即葛力昂、蔻、饒席德內，前已述之。登山處即所寓旅館後之車站，極為便利。於晨間裹糧前往，火車沿山而上，松檜蒸馨，野花炫采，皆剽疾拂面而過，轉以車行之速，不克賞玩為憾。而宿露、晨曦閃爍於林翠間，助人神思清爽，逸興遄飛。車行約二小時始抵站，殊未覺時晷之長。車停時，同座德人某扶予下車，遂相伴登山。時已六月，而積雪照眼，餘寒侵脛[1]。覓得茶室，各出食品列几上，呼侍者進以熱咖啡，飲之取暖。憩坐看山有頃，始起立努力攀登。雪滑山峭，步履維艱，於絕頂覓得平原，踞石而坐。山勢如掌突出，平坦微欹，覆臨湖水，縞[2]嶺銀漪，上下一色。迎面遠峰環拱，琢玉堆瓊，寒光四照。身歷此間，而煩憂塵慮入浩然之太空澌滅以盡，冷酷而生異感。諸山為愛爾伯之分脈，綿亙迤邐[3]，經數國而達瑞士，亦大觀也。山麓及巖腰氣候較暖，松檜森森排立，漸高則童其頂而無叢莽，雪痕融處，草色青青，散綴小朵藍花。此花名「長相思」（forget-me-not），朵細而色豔，殊為珍玩，該德人攀涉險巇，採取盈握以獻。彼解英語極少，不克傾談，惟彼此以英、法、德、義等語雜湊，雖零斷不成句，亦能略通大意。彼請別後通訊，然非予所欲，故佯為不解。彼多方譬喻，使予無可遁飾，乃勉諾之，不欲實踐也。是日遊人甚眾，予亦於無意中得伴侶，惟轉多周旋，不如獨遊默賞之安逸。歸時，眾皆逕返芒特如，予獨於山半之「蔻」下車，小坐啜茗，復繞行巖腰，盤旋一周，始附車返寓。日已夕矣。

註解

1 脛：小腿。
2 縞：白色。
3 迤邐：連續不斷的樣子。

漁翁之廉

遊山以後，惟賞玩湖景，不作疲勞之遊。水濱小魚極夥，密隊如針，不識為波所盪而近岸，抑為覓食而來？予坐柳陰，觀釣漁翁某，短褐[1]跣[2]足，狀甚貧寠，以玻璃盆置淺水處，須臾，舉之，則小魚已滿。予乞得一尾為玩，酬以小銀幣五分，彼謝不受。予乃置魚於厚紙信封中，尚撥刺不已，掬水注之，擬稍留玩弄即縱之返湖，全其生命，詎返寓視之，已斃矣！小銀五分以購麵包，可供寠人[3]之一膳，卻之，廉也！世風偷薄，群趨貪鄙，上流士紳，每錙銖必較，而廉讓轉見之鄉曲。曩年寓滬，觀桃於龍華，酬園叟以小銀二角，叟亦力卻，謂看花無需納費，予固與之，則欲剪桃花一枝為贈，否則不受酬。狷介之義，形諸詞色，予為起敬，同遊之友亦向此叟揭帽為禮。予曾為傳以誌之，惟未付刊耳。今春寓巴黎，同寓美國客某邀予赴餐館。付賬時，彼請予償其半，予異之而未言。蓋歐美通俗，男女同餐或遊，男者付值，否則為恥。當時予即如數付該客，欲告辭先去。彼謂尚有小賬五分（即賞錢），予笑付之，彼夷然不赧其面。此人於歐美亦鮮見也。

註解

1 褓：嬰兒的包被。
2 跣：光著腳。
3 窶人：窮人。

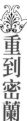

重到密蘭

前過密蘭，匆匆虛度，未得稍留。茲由芒特如來此，小住二日，亦只能就近觀其概略。車站前為公圃，細草豐林，爽塏宜夏。正面有橋極闊，過橋則輦路矢直，即街市繁盛之區，商務殷富，為全國財賦中樞。居民一百萬，義之軍隊多屯駐於此，為大本營。博物院、美術館數所，未暇往觀，僅遊一大禮拜堂[1]（Cathedraz），為世界四大教堂之一，其餘在倫敦、紐約、羅馬，然以此為最大。其形式亦較予歷觀各國之教堂為特異：白堊其色；尖細之群頂森森密聳，如玉箸銀矛；牆壁鏤空，精琢人物，極玲瓏之致，於密蘭最為生色焉。有所謂「皇宮」[2]（Royal Villa）者，乃法帝拿坡倫之別墅，後復屬於奧之元帥拉地凱[3]（Commander-in-Chief Radetzky），而終歿其間。蓋密蘭建造於紀元前二百二十年，迭被匈奴（Huns）、西班牙、法、奧等國佔據一千八百年，後始隸屬於義大利，歷史遺跡有足考者。

時值盛暑，予懶出遊，曾往劇場消閒半日，鄰座之客餉以糖果，此風惟見之義境，他國罕覯也。偶於市間購小傘一柄，純為草製，晴雨皆宜，而以染彩之草繡花，光緻如絲，雅麗新穎。予用之，於各國人皆矚目，甚有索取傳觀於眾者，謂東洋人所用器物亦如此奇巧。予輒實告之，為密蘭出品云。

註解

1 大禮拜堂：即米蘭主教座堂。

2 皇宮：今譯皇家別墅（Villa Reale），為最重要的米蘭式新古典建築，由波拉克（Leopoldo Pollak）設計，建於一七九〇至九八年。

3 拉地凱：今譯作拉德茨（Joseph Radetzky von Radetz, 1766-1858），為奧地利民族英雄，曾贏得一八四九年著名的諾瓦拉戰役（Battle of Novara）的勝利。

米蘭主教座堂（攝於 1931 年）

途中所遇種種

由密蘭重往羅馬，中途經波羅納，遇前所識之鐵路譯員，歡然款待，為予購餐券。車停半小時，即啟輪向羅馬進行。車廂中先後到有耄耋之偶，及青年伉儷。二老不惟頭童齒豁，即面頸之皺皮亦深刻如古樹（後予詢知，媼年已七十八）。彼等徐徐取篋中儲殺為餐，並分餉同座，意至和善。少者顯係新婚，互形婉戀，購冰酪時，並購一盞贈媼，以予甫自餐車歸座，知已飽餐，故未及予。午後，予覺口渴，少婦囑其夫為予覓水未得，乃進以所儲紙盒之黃梅，謂可代水。望梅止渴，古今中外同焉。予取一枚，婦再進，予更取其一，婦堅欲予受其全盒，乃納焉。予傘偶墜地，少年急為拾起，拂拭其塵，擱舉以獻，意態至恭。聚不相識之人於一車而親善若此，倘世間人類相處如予此時所遇者，則天國矣。浮生朝露，本應歡娛，而勿相扼。不幸，公者戰爭，私者傾軋，甚至骨肉仇讎，以怨報德，其惡可嫉，其愚亦可憐也。

予因欲觀火山，須於羅馬換車，故僅小住一二日，即往拿坡里（Napoli）——英文名內伯爾斯[1]（Naples）。該處為輪船出入之海口，如由中國經蘇夷士運河[2]往義大利，即由此登岸。予到此，寓車站旁最大之旅館，曰 Hotel Terminus，窗對火山，昕夕遠眺，至佳之所也。次日，往柯克公司詢事，窗欄內（辦事處之銅欄也）有向予招手者，趨視之，乃前在佛勞蘭斯善笑之職員。據云兩月前遷調於此，意外重逢，更開笑口，信乎萍蹤聚散之無定也！

註解

1　內伯爾斯：今譯作那不勒斯。

2　蘇夷士運河：今譯作蘇彝士運河（Suez Canal）。

古城

拿坡里名勝雖多，然最著者為維素維歐[1]（Vesuvio），即火山，及旁貝[2]（Pompei）之古城，皆遊客所必觀者。旁貝乃二千年前古城之遺跡，經地震而全成廢墟，但街市及宅邸尚歷歷可見，頹圮而僅存基址。經國人保存，清除碎屑，標列街名，遊者稱便。法庭、議廳、劇場等，可就基址形式及壁鐫文字而考明。斷礎殘甃，章質併美，於古代工藝已精進若此，洵[3]可讚嘆。店肆之櫃台、茶社之爐灶多花崗石所製，貫以導水之銅管，悉缺裂剝落。野花叢生，蘿蔓交曳，細蟲小蝶，飛鳴其間，即當日履舄交錯[4]燈紅酒綠之場。陵谷變遷，人事代謝，於此得實徵焉。巨室數家，堂構尤美。浴所建築形式奇奧，一圓形巨池，為五人同浴之用；池邊環列半月式之石室五間，為浴後更衣之所；又一室有全體人骨六具，旁置銅匣，內儲金幣，因地震時欲攜錙重逃避不及，遂相聚一室而待斃焉。左近陳列館即儲廢墟中所掘出之殘燼，一切器皿，形式樸質，古色斑斕。人獸之殭化石（Fossil）多具，列玻璃罩內：人則仰臥、側伏、輾轉、伸屈各盡其態，已悉成石質，而骨髓斷處見其組織，確為遺骸；一犬首尾扭捩，作痛苦而死狀，尤為入神。是日，由引導人率領步行於烈日中，自十點至十二點半，始將各街市巡察周徧，尚不覺疲。予於各宅內，拾得鋪地碎石數小方為紀念，惟有一處，據云不許婦女參觀。同遊者只二客及予，共三人而已。引導者使予坐待於巷中，率二客往觀，移時始返，乃率予等午餐於某館。旋來二男子挾樂器為座客弦歌，一度曲，一拉欒娥令[5]（Violin）。吾國歌伎侑觴[6]皆少女，此為男子，殊覺可笑。餐畢，換火車登山，引導人辭去。蓋山上另有人引導，乃政府所派，遊客每人須給彼五利爾。予恐下山時迷路不得歸寓，囑原引導人待於車站。彼不允，惟託同遊之二客導予返寓。其一允諾，即就予而坐，沿途指示風景。予雖不解義語，亦能諳其大意。

註解

1 維素維歐：今譯作維蘇威火山。
2 旁貝：今譯作龐貝。
3 洵：確實。
4 履舄交錯：形容賓客眾多，或男女於席間雜處，不拘禮節的樣子。
5 樊娥令：小提琴。
6 侑觴：佐酒、勸酒。

火山

距火山數里，尚未抵麓，即見地震之區，半土半石，翻裂堆積作深黑色。山麓則噴瀉之泥，面積甚廣，雖已乾燥，仍作流質融化狀，浪紋疊疊，其爆發時驚駭之狀可以想見。泥中生黃花甚多，遠望山畔，金色燦然，車行其處，香聞數里。山多果樹，朱櫻、黃杏壓枝纍纍。同伴之客向園僮購杏餉予，予食後留其核，以其產自火山也。火車直升山頂，車形之製造亦異常車，座位傾斜，由高而低，如階級然。車站旁賣硫磺及雜色土者甚多，乃一九〇六年四月火山爆發時所遺，予等各購少許為紀念。山頂作蓮花形，火井居中，恰如蓮實，白煙滾滾如晴雲，噴吐不已，隱現紅色，若於夜間觀之，必明透全赤，純然火也。體積甚巨，直沖天際，數十里外皆可見之。山頭惟熊熊烈焰及巉巉焦石，絕無植物。吾人行處，砂礫鬆動，著履即流。同伴及引導人左右挾予於臂腋間，攀登蓮瓣形之尖頂，其處較火口尤高，愈得縱觀。率成絕句一首：

玉井開蓮別有山，無窮劫火照塵寰。
年來萬念都灰燼，待與乾坤大涅槃。

如斯巨焰，不計年代，即以最近爆發之期，迄今十一年來，日夜燃燒不絕，地中積薪雖多，必更有窮盡之日。山居貧民無力遷徙者無論矣，而山麓樓宇繁密，燈火萬家，亦晏處安居，愚如釜魚幕燕[1]，何也？同伴導予返寓，辭別而去。此固彼等為外賓所盡之義務，亦以見其國民懷柔之美德，無足異也。計予自芒特如至拿坡里，相隔僅五日。兩地觀山，一雪一火，寒熱懸殊，赤白相判，極宇宙之偉觀矣！

註解

1　釜魚幕燕：形容處境十分危險。

第三次到羅馬

古壁噴泉，綠陰夕照，予第三次到羅京矣。小住休息，函致巴黎，囑將所有各處來函悉為轉寄於此。迨寄到時，令予失望。蓋大抵皆巴黎、紐約等處之函，所睠睠[1]之故國消息竟杳然無睹。計兩三月前，致友函甚多，豈盡付之洪喬[2]，抑竟我遐棄耶？諸函內，有紐約國家商務銀行斯台穆君兩函，告予彼已到巴黎，欲得晤談；次函則告以返紐約之期，及船名、岸址等。詎彼到時，予已於先一日往瑞士，不無悵悵也。各公函例須存稿以備考查，故必用打字機印之，乃攜稿詣柯克公司，請一英國職員代為錄印。彼曰：「予等不代遊客打字。」予詢以機器在何處，予亦善打字，能借用否？則答以機器不許借用。予雖不悅，然彼之義正詞嚴亦無可咎責。方欲返寓，而該部之義國職員適到。予復試請，彼立承諾，即為印就，並謂此後如有函件請悉付彼，當為代印而不延誤云。英職員在旁聞之，默不一語。

予所寓在愛西達廣場[3]（Piazza Esedra）之側。場為圜形，甚巨，中有噴泉池及銅製人物等，周圍則餐館、劇場。廊前滿列茶座，佐以音樂，繁華之所也。左近書店中有日人某，能操英語，詢以羅馬有亞洲人若干，答以中國有四人（蓋指使館），日本則三十人。然予聞華人尚有留學此間者，但皆天主教徒，專習神學，絕不交遊，即與使館亦不通音問也。予自旅行以來時遇日人，皆善處之，不存芥蒂。曩曾以國讎視之，今悟其謬。以吾國之地廣民眾而論，在在有自強之本能，苟非自棄，他人何能侮我？且怨天者，不祥；尤人者，無志。認為命運，或歸咎他人，皆自窒其進展之機耳。願國人共勉之。

註解

1 睠睠：回顧。

2 盡付之洪喬：比喻書信遺失。

3 愛西達廣場：今易名為共和國廣場（Piazza della Republica）。

義國近狀略觀

某日，《羅馬民報》（Popolo de Roma）女記者巴祿蘇夫人奉其總理命謁予。彼略能英語，不克達意。予乃以電話約英國麥克當奈爾夫人在寓相待，予即偕巴氏乘汽車造其寓，由麥夫人以義語通譯。巴氏詢中國女界情形及文藝等，予悉舉以告之。復詢予對於其首相麥蘇立尼[1]（Mussolini）之政策有何意見，予答以到此未久，不克深知為歉。彼又詢予對於義國感想何如，予以美感為答。彼請予於著述時多為美善之詞，予欣然諾之。復請於發刊後譯英文一紙寄該報，此則近於苛求。予與義大利感情本佳，無待彼之囑託，惟於彼國情狀所知實淺，況此行本為遊覽，閒雲野鶴，不預政治。所知者義為君主立憲、責任內閣，議院採單選制，尚無弊端。蓋單選人眾不易舞弊，若複選取決於少數人之手，即易運動也。義以愛爾班尼亞[2]（Albania）及猶鉤斯拉瓦[3]（Jugo Slavia）等國之事未解決，旁且牽及其他大國，故武備甚嚴，耗財孔多。然近整理財政，其進步可於匯兌覘之，現以美金一元僅換義幣十七、八立爾，其價之昂，較之年前，不啻倍蓰。蓋前悉用紙幣，自鑄用銀輔幣後，價自加昂耳。

註解

1 麥蘇立尼：今譯作墨索里尼（Benito Mussolini, 1883-1945）：義大利第四十任總理，法西斯主義的創始人。一九二二年，被義大利國王任命為總理，一九二五年至一九四三年期間於義大利實行獨裁統治。一九四三年，大法西斯議會通過了對墨索里尼的不信任動議因而被解職；一九四五年四月，逃往瑞士途中被義大利共產黨游擊隊發現並俘虜，最後被槍決。

2 愛爾班尼亞：今譯作阿爾巴尼亞（Albania）。

3 猶鉤斯拉瓦：今譯作南斯拉夫（Jugoslavija）。

水城

予由羅馬往威尼斯（Venice）。該處為水城，建築特別，半水半石而無寸土，有舟楫而無車馬，往來街衢悉用小艇——細長而翹其首尾，狀如吾國之龍舟，稱曰「岡豆拉」1——橋梁極多，頗饒幽趣，水光波影，搖映窗壁間。陸地則悉用石板鋪成，曲巷狹徑，頗似吾國蘇杭之街市，所不同者，乃石地平坦整潔，而兩旁有高樓耳，可任意遊行，無車馬衝突之險。夾道商品羅列，近在咫尺，遊人賞玩，如家庭內之迴廊，忘其身在街市。以聖馬口廣場2為繁盛之區，教堂所在。其後部為德卡皇宮3（Ducal Palace），內儲古代兵器，壁畫尤多，皆無價之寶，下附監獄，但為古蹟，供人憑弔而已。獄中狹隘黑暗，室小如窯，石壁鐵樁，為囚犯縶繫之所。門戶極低，遊者須傴僂而入，予與眾客以無罪之身一一鑽入，自顧可笑，亦為囚者悲。據云，死刑之具乃鋼針之圈加其首，針鋒皆向內，以電線通旋轉機上，機動而圈逐漸縮緊，囚者之腦漿乃絞盡無餘，其血即由室中所裝之管導入河內。然世間未必有此慘刑，諒係齊東野語，故為奇說，以聳聽耳。附近有橋曰 Bridge of Sighs，譯為「嘆橋」[4]，謂囚犯入獄須經此橋，故而悲嘆。其說亦近附會，古事難考，無從徵信也。

註解

1 岡豆拉（Gondola）：今譯作貢多拉或剛朵拉。
2 聖馬口廣場：今譯作聖馬可廣場（Piazza San Marco）。
3 德卡皇宮：今譯作公爵府。
4 嘆橋：今譯作嘆息橋。

嘆息橋（攝於 1910 年代）

海岸之旁

海岸旁有二石柱，高矗雲表，頂立天使持戟，其一則立雙翼之獅，即聖馬口廣場之左場。面甚闊，兩廊列商肆，且滿設茶座，為時裝士女薈萃之所，入夜，燈火星繁，座客不減也。場中集鴿數千，與人雜處，絕不畏怯，遊人購糧置掌上飼之，則飛集腕臂間，或立冠上。照相師每於此際為客攝影，故場中攜相鏡往來覓主顧者甚夥，亦威尼斯特有之景象也。予曾隨眾客乘小船半日，觀教堂及工廠數處，知此城美術之工藝亦極精進，不減其他巨埠也。居威尼斯僅二日，於名勝古蹟不暇詳考，故無多記載。七月十四日，乘飛機往奧京維也納。

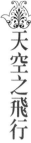

天空之飛行

十三日晨，將行李付美國通運公司代寄。次日午，由聖馬口廣場乘小汽船渡河，約一小時許，抵飛行場。場中停機數架，其形如鳥，雙翼而魚尾，每具可載四人。司機者，坐廂外首部。同行者，予及其他二客，共三人。座位寬而安適，如汽車之廂。予等之護照，各得出境之簽印於一時。啟機軋軋，如雷震耳，初則足輪（有兩輪如足）貼地而馳，其行甚疾，倏忽翩然上升，予立覺眩暈，幸轉瞬即癒。憑窗外矚，則地已豎立，蓋機身欹側，故視線為斜，地故未動也。少頃即平，機行甚穩，不似輪舟之顛簸。離地漸高，視各屋宇皆僅寸許，田疇及河道如畫粉線，宛然一清晰之地圖也，樹木則點點如煙，不甚明瞭。行經群峰之頂，山巔積雪及森森松柏俯視甚晰。已而眾山迎面環拱，其高際天，似無去路。予凝視，意謂倘一接觸，必機損而墜。詎其盤旋兩三轉，疾如鷹隼，已超過山巔。碧空中，白雲蕩漾如海，皆在機身之下，雲影團團落大地上，儼分三界——蓋吾身行處為上，雲朵懸立居中，山河則最下也。曩年曾夢升天，蔚藍無際，銀雲朵朵排列，近在眉睫，下界有眾哭送，今此景宛然實現，惜無人哭送耳。天風颼颼，清寒砭骨，來時揮汗，氣候驟遷，幸備有大衣，披之，仍為風箭所鑽。已而罡飆愈厲，雲陣排山倒海而來，奔馳於兩翼之下，棉白有光之晴雲外，復雜以昏暗之濕雲，機身漸為所迷，四望杳杳無睹。予兩耳為巨聲所震已聾，且右耳底作痛，餘無他苦。二小時後，始出雲海而達清空。機行漸低，向格拉建佛[1]（Klagenfurt）城之草場降落，即有關吏前來查驗護照，予等亦出散步。該地居民及婦孺數人前來圍觀予等，且有就予詢話者。此地作德語，予不解也。少頃，復登機飛行，於五時抵維也納。由威尼斯至此，火車須行十六小時，而機飛四小時即到，其速率可知。此行安適，惟升降及旋轉時略覺眩暈，瞬息即止。恐亦有人乘此而作劇暈者，每座皆設革帶，據云若善眩暈之人，則縛之座上，然則苦矣。予以屢渡巨洋之身，當然有進步耳。

註解

1 格拉建佛：今譯作克拉根福。

維也納之被困（上）

嗟乎，予飛至維也納立即被困。今吾搦管1為此記時，尚坐困愁城，不知何日方脫於難。蓋予於十四夕下降此城，十五日晨而禍爆發，何適逢其會也！殆以塵凡之軀，遊行天際，觸犯群真而致罰耶？雖為戲言，亦惟強自解嘲而已。予孑身而來，如廉宦之清風兩袖（因無行李，惟飽受天風耳），寓格蘭德旅館（Grand hotel），起居華侈，安宿一宵。晨起，往美國通運公司探詢行李，據云尚未運到，須待數日。予已焦急，因一切應用之物皆在箱內，必大感不便。怏怏歸寓，將致函威尼斯代運之公司，責其延誤。途中，遇大隊工人，內雜手提錢袋之婦女，遊行吶喊，知非佳兆，然尚不意其變之驟也。午膳後，作英文長函，將自往郵局投遞。詎旅館大門已閉，寓客數百聚於廳中，神色倉皇，惟旁門闢一隙，以多人守之。予欲出外，被阻，予告以僅探視門外，並不遠出，始得許可。此旅館之街口僅隔兩街，群眾擁擠，濃煙密布，火光熊熊。予搓拭倦眼，而自詫曰：「其拿坡里之火山經愚公移至此處耶？」一人首纏白布，鮮血淋漓，坌息喘汗，奔過予前，予立駭卻。復見紅十字會之救護車馳向街口，知巨變已成。嘆息歸寓，詢諸眾客（予之探詢甚難，必待遇能英語者），謂社會及專制（或稱社會黨及保守黨）兩黨齟齬，已經數月，前有社會黨員三人被殺，昨經法庭判決兇手無罪（據云因亂時不能證明兇手為誰之故），遂激眾怒而暴動云。是夕，餐堂客滿，因眾皆不敢外出，惟餐於旅館。予覓座未得，向廚間購果數枚，食於寢室，草草就枕。夜聞槍聲，起而開窗，見對面樓宇居者亦皆探首窗外瞭望，然街道暌隔，不易窺見。次日晨起，見大門依然緊閉，不禁愁眉雙鎖。索閱報紙，謂皆停刊，惟社會黨之機關報 Der Abend[2] 獨存而已，然為德文，予不識也。

註解

1 搦管：執筆。

2 Der Abend：當地晚報的名字。

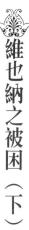

維也納之被困（下）

聞昨日之亂，死傷約數百人，幽思睇子皇宮1（Justiz Palast）為著名之建築，即大理院所在，已被焚毀，昨所見之火光是也。是日起，總罷工。維也納居民二百五十萬，工人佔一百萬，幾及半數。故罷工之令不崇朝而普徧，火車、電報、電話、郵政以及飛機，一律停止，交通完全斷絕。政府有令，不許外人入境，惟許出境。旅客之急欲逃生者用種種方法，或購小艇，搖槳盪出內河；或駕汽車，馳行郊野，然終覺不便，仍有多人坐困以待者。美報稱維也納為「死城」（The City of Death），蓋不惟與世界睽隔，而本國內之各省工人，方謀大隊出發進攻首都，居留城內者惟待死而已。此次之變，論者多歸咎於共產黨之煽惑，然究其遠因，則歐戰後「凡塞爾條約」早播其種，今方開始收穫耳。奧於歐戰時損失之重，只次法國一等，不幸多方束縛，使絕無恢復餘地，當時已處處造成將來困難之地位，外力自易蹈隙並入，瞬成燎原。列強果欲維持中歐之安寧，應迅速與以生機，否則將來變化，正自難料，又豈僅一奧斯特立亞哉？本旅館之餐室乃售現而不登賬者，予囊資將罄，而各銀行一律關閉，無從取款，即無從購餐。予思柯克公司專為遊客而設，或不閉門，惟在亂地線內，試往商量，且冒險一覘[2]外間情勢，果得取錢少許。將返旅館，詎行至半途，忽見行人紛紛狂奔。街道廣潔，且值日午，人影散亂於地，如池中魚陣受驚而激竄。予知有變，亦挺身急走。旋聞背後槍聲密震，階沿上某旅館之旁門方啟一隙，眾推之，如泉湧入。予擠於眾中，亦奮勇前進。幸近予者多婦女，體力相等，未被擠傷。該旅館急閉其鐵柵，後至者不得入矣。予奔至廳間，就椅而坐，一美男子遽前撫慰，予為愕然，其人之美，如雕刻阿普婁之石像，彼握予腕為診脈，且趣[3]侍者以冰水飲予。彼先操義大利語，予不解，乃以英語慰予勿驚，並為予嘆息此遊之不樂。座客見之，或疑彼此相識，然實素未謀面，彼何人歟？予稍坐，俟街市安靜，乃辭謝而出。該處為伯立斯特旅館，距予所寓之格蘭德僅隔二宅耳。聞此次槍聲係黨人圍攻警署，為軍警反攻云。是夜，聞吹觱篥[4]者，其聲哀厲，馳過窗外，由夢中驚醒，較晝聞槍聲時尤為驚悸。蓋晝出乃預知有險，且雜群眾中，不甚恐怖，此則靜夜清眠，驚魂易斷，且每於電影中見出征時召集軍隊輒吹角，而悲慘事隨之發生，平時腦中感映已久，矧茲身處危城乎？晨起，詢之他人，莫能道其所以。予素達觀，生死久置度外，惟鐵路不通，行李未到，極苦不便，一切應用之物，即逐一購買尚不可得。蓋值罷市之期，況積日無衣更換，身寓豪華之所而愈難堪，是以度日如年，不啻囚犯。三日後，電車復工，城內秩序逐漸恢復，惟與外界交通仍完全斷絕。其後，總理塞拍爾[5]（Chancellor Seipel）有辭職之說，政府勢將改組。五日後，乃恢復交通，以觀後效。聞此亦表面之詞，實際乃畏外力之干涉耳。

註解

1 幽思睇子皇宮：今譯作正義宮。
2 覘：觀察、窺視。
3 趣：通趨。
4 觱篥：一種管樂器。
5 塞拍爾：今譯作塞佩爾（Ignaz Seipel, 1876-1932），任期為一九二二年五月至一九二四年十一月。

遊雄本皇宮

予之行李旋亦運到，至為欣慰。惟恐大局或再決裂，不敢久留此間，乃撥冗作半日遊，往觀雄本皇宮[1]（The Imperial Residence Schonbrunn），乃奧之前皇約瑟佛一世[2]（Francis Joseph I）之故居，彼於一九一六年十一月二十二日歿於此宮。宮內陳設，都麗無匹，壁畫多千百人相聚之巨幅，如御狩、宮宴等事，皇族及諸權貴之面貌皆一一可認。皇尤愛東方物品，如中國之古瓷、圖畫、漆器，皆分室陳列。其室之壁頂及椅榻等悉用中國藍錦，滿壁懸綴藍瓷瓶，穠彩奪目，謂之中國藍宮；又一室四壁皆楠香紋木，嵌以赤金……予費一小時許，將四十餘室巡閱周偏，仍未得詳覽也。歸途，有二事感嘆者：一為菜場列牲類之生鞹[3]多件，毛色如生，血痕新漬，而駕車之牛馬適行經其處，彼等見之，亦有驚覺否？牲類為人服役終身，永無同盟罷工之舉，而反遭屠殺，世有仁者為之呼籲乎？企予望之；又見大隊群眾及軍警巡邏，予詢其故，則此番亂時所死之眾今日會葬也。嗟乎，予曾目睹彼等整隊高呼，生氣虎虎，數日後竟同瘞地下，當時曾自料及否？予遊興闌珊。次晨，附火車往德京柏林。

註解

1 雄本皇宮：今譯作美泉宮（Schönbrunn Palace）。

2 約瑟佛一世：今譯作約瑟夫一世（Franz Josef I, 1830-1916），奧地利皇帝、匈牙利國王。一八五〇年至一八六四年間擔任德意志邦聯總統。

3 韃：皮革。

柏林

由維也納往德京柏林，沿途悉森森翠柏，叢林不斷，與華文之名巧合。平疇多植罌粟，紅英絢然，其為製藥用耶?近畿之鎮為德來斯頓[1]（Dresden），工商輻輳，廠棧如林，泱泱大國之風，令人感想。雖經歐戰巨創，而民氣不萎，終有鷹揚之日，未可以時世限之也。負郭[2]山水甚佳，曰薩克桑瑞士蘭德[3]（Saxon Switzerland），怪石巉岩，較諸美之大坎寧尤為壯觀，民性之沉毅或亦胚胎於此。宮室之建築亦在在表其特性，與他國異觀者，可意會之。予抵柏林寓昂特頓玲頓[4]（Unterden Linden），為城中要道，猶紐約之五馬路、巴黎之音樂街也。全城名勝之區，路線所賅[5]者，自西之台加屯[6]（Tiergarten）至東之阿來山德樸拉子[7]（Alexander Platz），及自北之斯卜里[8]（Spree）至南之來卜斯加[9]（Leipziger），此外佳景尤多，不能概括，而街道之寬潔、森林之綿亙、石像之點綴備極莊嚴，與巴黎、倫敦鼎足而三。德雖後起之勁，自佛來德立二世[10]

（Frederich II〔一千七百四十年至一千七百八十六年〕）稱霸，使學術與武功並重，駸駸[11]與列強伍。又因瀕河地利，便於運輸，鐵路之築，為全歐中樞，遂以工藝名於世。而教育亦臻極詣，試觀編戶居民，門標博士頭銜者觸目皆是，他國無此盛也。天氣甚涼，予擬在此消夏，故從容未即出遊，不幸因病謁醫，謂捨刀圭[12]無可救藥，遂遄返巴黎部署各務。曾附柯克公司之車於城內作半日遊，而於名勝之所，如蒲斯頓[13]（Potsdam）、皇堡[14]（Royal Castle）、國家圖畫館[15]（National Gallery）、凱撒博物院（Kaiser Museum）等處，或匆匆一覽，或過門不入，故於此記不克詳敘，殊以為憾，不識他日更有機緣再到否。旅館中備有印字機多具，任客取用，予因函札甚多，光陰大半消磨於此。暇則往京津飯店進餐，國人營烹飪業於海外者，率皆粵籍，惟此獨異，風味亦佳。予與館主操津音談話，認為鄉親，蓋幼客津埠，不啻土著也。地在坎特街[16] Kantstrape 130 Charlo Ttenburg，用為介紹。

林登大道（攝於 1926 年）

註解

1 德來斯頓：今譯作德勒斯登。

2 負郭：靠近城郭。

3 薩克桑瑞士蘭德：今譯作薩克森瑞士（Sächsische Schweiz），亦稱薩克森小瑞士，為德國東部的山區，著名的攀岩勝地。

4 昂特頓玲頓：今譯作菩提樹下大街或林登大道。

5 賅：包括、兼備。

6 台加屯：今譯作蒂爾加滕，為德國首都柏林米特區下轄的一個分區。

7 阿來山德樸拉子：今譯作亞歷山大廣場，位於米特區。

8 斯卜里：今譯作施普雷河，沿河主要城市有科特布斯與柏林。

9 來卜斯加：今譯作萊比錫。

10 佛來德立二世：今譯作腓特烈二世（Frederick the Great, 1712-1786），史稱腓特烈大帝。普魯士國王（一七四〇年至一七八六年在位），亦為軍事家、政治家、作家、作曲家，是啟蒙運動中的重要人物。

11 駸駸：形容事物日趨進步強大。

12 刀圭：藥物、醫術。

13 蒲斯頓：今譯作波茨坦，北部與柏林相鄰的城市，市內有眾多湖泊和獨特的文化歷史建築。

14 皇堡：今譯作新天鵝堡。

15 國家圖畫館：即舊國家畫廊（Alte Nationalgalerie）。

16 坎特街：今譯坎斯特拉斯。

巴黎

予雖屢到巴黎，亦無所記載，因初到時擬先肄習法語，而後詳考，顧既輟學，偶或遊覽，亦因循不即楮墨[1]。由是得一經驗，即凡事今日能為者，勿待異日，若存推委心，必永無實踐之日。世界微塵，滄海一粟，寄身其中，安能為永久之計哉？茲略敘梗概，以實此篇。吾人曾居紐約者，後到歐洲，每苦街道之紛歧，蓋如蛛網犬牙，隨意錯綜，非若紐約之先繪圖而後建築，以二百餘街（Street）為經、十二馬路（Avenue）為緯，整齊有序，可計數而得也。巴黎全境，界以弓形之河，繁盛之區，皆在左岸。以音樂館[2]（L'Opera）為中心，前以瑞佛里路[3]（Rue de Rivoli）、後以歐斯滿路[4]（Bouevard Hausmann）二者為最長，然亦逐段名稱各異。瑞佛里路微折而接霞穆愛立西路[5]（Avenue Des Champs Elysees），亦長闊之路，格蘭德布留瓦[6]（Grand Boulevarde）則為商務之中樞，德拉沛路[7]（Rue de La Paix）乃衣飾店薈萃之所，而凱旋門（Arc de

Triomphe de L'Étoile）則如蛛網之中心，以馬路十二條聚拱之，地段較音樂館為清曠。此巴黎地勢之大概也。

鐵塔（La Tour Eiffel）。吾人雖未到巴黎者，每於圖畫中見此塔形，亦皆識為巴黎特有之建築。位於河岸之右，介乎鮑登乃[8]（Avenue de La Bourdonnais）及瑟佛倫[9]（Avenue de Suffren）二路之間，前為霞穆馬廣場[10]（Champ de Mars），建於一千八百八十九年，高九百八十四尺，有電梯升降，可縱覽巴黎全城之景。因全體為鏤空鐵網所製，大風時且搖曳微顫。

音樂館。原名Academie de Musique，為世界最著名之劇場，名樂師及歌者每蒞此獻技，常時亦多集會。座位二千一百五十八，樓廂四層，雖不甚廣，為加迪爾[11]（C. Garnier）所繪圖式，於一千八百六十一年開始建造，一千八百七十四年竣工，計閱十四載，內附藏書樓。

魯巍宮[12]（Palais du Louvre）。俯臨河濱，建於一千二百零四年，形式甚舊。拿坡倫三世時，將泰樂里宮[13]（Tuileries）合併為一，內容愈廣，關於歷史事跡甚多。地基四十八畝，然大部分為博物院，收羅美術品尤富，為世界最佳者之

法國攝影師尤金・阿杰（Eugène Atget, 1857-1927）於 1924-27 年間的作品，他擅長拍攝街景和巴黎人生活。

一。

埃及塔[14]（L'Obelisque de Louksor）。位於康可德廣場[15]（Place de la Concorde）之中，高七十五尺，重二百四十噸，下方上銳，精刻古篆，為紀元前一千三百年之遺物。旁有圓形噴泉巨池，場面極廣，爽塏雅潔，為巴黎最美之區。然當一千七百九十三年恐怖時代[16]（Reign of Terror），死於斷頭機（Guillotine）者以千百計，皆在此處，而今陰霾盡散。風和日麗時，遊人但覺心曠神怡，不復憶及當日之慘變矣。

完杜柱[17]（Vendome）。此柱極巨，以一千二百礮銅所鑄成，頂立拿坡倫像，位於完杜廣場[18]（Place Vendome）之中。四周建以圜形樓宇，在馬德璘廣場[19]（Place de La Madeleine）側，為巴黎重要地段。

餘如拿坡倫墓、凱旋門，教堂則有奴特丹[20]（Notre Dame）、馬德璘[21]（Madeleine）及旁泰昂[22]（Le Pantheon），皆最著者，法庭[23]（Palais de Justice）、菜市（Central Market）、墳園[24]（Pere Lachaise），均可遊覽。

城外則有凡塞爾皇宮，建築壯麗，壁畫極佳，為歷代法皇驕侈及關於革命之遺跡。左近有馬勒梅桑[25]（Malmaison），為拿坡倫及其后約瑟芬[26]（Josephine）之故居，簡樸如庶民家室，所遺舊衣物甚夥，寸鈐尺劍，粉盞脂奩[27]，一一妥為陳列，猶想見烈士雄姿、美人鄉澤[28]焉。迤南略遠之方停伯魯宮[29]（Fontaine Bleau），崇樓臨水，景尤幽蒨。拿坡倫流竄愛勒巴島[30]（Elba）時，曾與其扈從話別於此，後返國復辟，仍開御前會議於此，寶座及聯席皆陳設如故，冠蓋匆匆，而海利那[31]（St. Helena）一往不返，幽囚野死，英雄之末路亦可哀已。

法為歐洲大陸名邦，勝蹟至夥，非此記所能賅括。且吾屬稿時乃在瑞士，離法已久，追憶舊遊，不克詳備為憾。至予由德返法之旅況，則以俗冗從略。

渡英海峽——予既警於醫言，乃預理諸務，纖屑[32]靡遺。凡所欲遊之處，則急於實踐，欣然孳孳終日，達觀樂天，委化任命，固久契斯旨矣。英倫為必遊者，乃由巴黎往鮑倫[33]（Boulogne）港口，約數小時火車之程，舟渡海峽則僅一小時耳。惟風浪湍激甚於巨洋，朱兆莘氏曾有談虎變色之語，予幸勉能支持。旅客護照即於舟中簽驗，給以登岸文證。由孚克斯頓[34]（Folkstone）登車，到維多利亞站，即倫敦矣。朝發夕至，可稱便捷，惟視此海峽為畏途耳。

註解

1 楮墨：紙與墨，後借指詩文或書畫。
2 音樂館：即巴黎歌劇院（Opéra Garnier）。原名為 Salle des Capucines，後為紀念其設計者加尼葉，亦稱為 the Palais Garnier，其他名稱還包括 Opéra Garnier、the Opéra de Paris 或 the Opéra。
3 瑞佛里路：今譯作里沃利街，位於巴黎第四區。
4 歐斯滿路：今譯作奧斯曼大道，從巴黎第八區延伸到巴黎第九區。
5 霞穆愛立西路：今譯作香榭麗舍大道，位於城市西北部的第八區。
6 格蘭德布留瓦：今譯作巴黎大道區。
7 德拉沛路：今譯作和平街，位於巴黎第二區。
8 鮑登乃：今譯作布爾德奈大道。
9 瑟佛倫：今譯作蘇費恩大道。
10 霞穆馬廣場：今譯作戰神廣場，位於巴黎第七區。
11 加迪爾：今譯作加尼葉（Charles Garnier, 1825-1898），法國建築師，一八四八年進入巴黎皇家學院。設計巴黎歌劇院時，年僅三十六歲，本來沒沒無聞的加尼葉便一舉成名。
12 魯巍宮：今譯作羅浮宮。
13 泰樂里宮：今譯作杜樂禮宮（Palais des Tuileries）。
14 埃及塔：今譯作路克索方尖碑。
15 康可德廣場：今譯作協和廣場。
16 恐怖時代：法國大革命時期（一七九三—九四年），法國政府為了徹底控制政權，把嫌疑的革命分子都送上斷頭台，因此有數千人被殺害。
17 完杜柱：今譯作芳登廣場柱，為拿破崙下令建造，以紀念奧斯特利茨戰役。
18 完杜廣場：今譯作芳登廣場，位於巴黎第一區。
19 馬德璘廣場：今譯作馬德萊娜廣場，位於巴黎第八區。
20 奴特丹：今譯作聖母院。
21 馬德璘：今譯作馬德萊娜教堂或瑪德蓮教堂。
22 旁泰昂：今譯作先賢祠，位於塞納河左岸拉丁區，建於一七九一年。

23 法庭：即巴黎法院。

24 墳園：拉雪茲神父公墓。

25 馬勒梅桑：今譯作馬勒梅松城堡。

26 約瑟芬：即約瑟芬·博阿爾內（Joséphine de Beauharnais, 1763-1814），為拿破崙第一任妻子，法蘭西第一帝國的皇后。一八一〇年約瑟芬與拿破崙離婚，之後便居於馬勒梅松城堡直至過世。

27 盝、奩：均指婦女裝脂粉等物的小盒子。

28 薌澤：香氣。

29 方停伯魯宮：今譯作楓丹白露宮，建於十二世紀，為法國歷代君主的城堡與宮殿。

30 愛勒巴島：今譯作厄爾巴島，位於義大利托斯坎納地區海岸線外，是托斯坎納島的主島。根據一八一四年簽訂的楓丹白露條約，拿破崙被流放到此地。

31 海利那：即聖赫勒拿島。滑鐵盧戰役後，拿破崙被流放到此地。

32 纖屑：瑣碎、細微。

33 鮑倫：今譯作布洛涅。

34 孚克斯頓：今譯作福克斯通，英格蘭肯特郡的一個城市。距離法國的加萊港僅四十公里的航程，幾百年來一直是繁榮的海港都市。直到英法海底隧道於一九九四年正式通車後，福克斯通才失去了原有的交通樞紐地位。

1924 年製作給法國人的倫敦旅遊口袋地圖，從中可看到泰晤士河、海德公園、牛津街、巴黎法院、西敏寺等重要景點。

GUIDE Poche DE LONDRES
DEUXIÈME PARTIE.
PLAN D'ORIENTATION DE LONDRES
PRIMROSE HILL
ZOOLOGICAL GARDENS
Paddington Recreation Ground
WORMWOOD SCRUBS
Little Wormwood Scrubs
EXHIBITION
MARYLEBONE
PADDINGTON
BAYSWATER
HARROW ROAD
MAIDA VALE
EDGWARE ROAD
BAYSWATER ROAD
NOTTING HILL HIGH STR.
HOLLAND PARK AVENUE
UXBRIDGE ROAD
GOLDHAWK ROAD
KENSINGTON GARDENS
HYDE PARK
Serpentine
KENSINGTON PALACE
ALBERT MEMORIAL
KENSINGTON HIGH ST.
KENSINGTON GORE
KENSINGTON ROAD
ROYAL ALBERT HALL
ROYAL COLL. of MUSIC
IMPERIAL INSTITUTE
THE ORATORY
NATURAL HISTORY MUSEUM
VICTORIA & ALBERT MUSEUM
CROMWELL ROAD
BROMPTON ROAD
SLOANE STREET
Holland Park
OLYMPIA
HAMMERSMITH ROAD
KING STREET
BROADWAY
EARLS COURT ROAD
EARLS COURT EXHIBITION
QUEENS CLUB
LILLIE ROAD
FULHAM ROAD
OLD BROMPTON ROAD
KINGS ROAD
NEW KINGS ROAD
FULHAM PALACE ROAD
WANDSWORTH BRIDGE
BATTERSEA BRIDGE
ALBERT BRIDGE
BATTERSEA PARK
YORK ROAD
SOUTH PARK
PARSONS GREEN
CLUBLAND
PICCADILLY
PALL MALL
GREEN PARK
THE MALL

抵倫敦，時值美國兵團遊歷到此，致予訪十餘旅館皆無下榻處（平時亦常患客滿）。後得一中等者，陳設悉舊式，不惟遠遜美國旅館，即較巴黎亦且不逮，而價則較昂。幸於此邦言語能通，諸事便利，但於氣候不慣，每黑霧瀰漫，暗無天日，致目痛喉癢而咳，蓋霧重如濃煙之激刺也。外僑到此，須往「內部」稱Home Office及警署註冊，即遷一旅館、易一住宅，亦須立時報告，取締極嚴，違者重罰。

拿地尼伯爵之噩耗——前於巴黎，因事詣義領館，得識拿地尼伯爵1（Comte de Nardini），一見如故，意頗誠摯，臨別授以通訊地址。予抵倫敦，擬以書報，而未暇也。某日往觀影劇，為時尚早，坐待無聊，乃購晚報消遣，則紀有「巴黎暗殺案」，謂伯爵今晨於辦事室中被共產黨某槍擊，刺客當場被擒，眾視伯

1927 年的倫敦街頭，圖騰漢廳路與牛津街交匯路口。

爵方欹據汽爐，以手掩胸，忍痛撐持曰：「彼殺我矣！」旋即仆地而死，鮮血涔涔，手臂皆赤，厥狀甚慘。未謂，伯爵為人機警而和藹，於外交界夙負盛譽，今遭此變，知與不知同為悼惜云。予閱畢，駭愕而呆，蓋相別僅數日，人事無常，竟如是耶！憶別時，囑予如返巴黎必往晤彼，答以予如不死，即能再晤。彼慰予曰：「汝不死也！」而於「汝」字語音加重，迄今思之，若意謂「死者非汝，乃我耳」，詎非語讖耶？其父兄皆寓倫敦，擬以生芻[2]致弔，顧不知所寓。彼曾欲為介紹，時予沉思未答，故彼未以住址見示。今頗悔當日之疏忽，且辜其雅誼也。義自厲行法斯西斯主義[3]（Fascism）以來，於今九載，麥蘇立尼氏隱執中歐之鎖鑰，固為共黨所切齒而莫逞者。其是非茲不具論，惟此等傷害何濟於事？徒自證其狂妄而已。

倫敦城之概略——倫敦位於泰穆士河[4]（River Thames）之濱，以西部為繁盛，東則匠人、舵夫及各種窶人所聚居。奧克斯福街[5]（Oxford Street）最為齊整，皆巍大商店，而匹卡的歷[6]（Piccadilly）及瑞金街[7]（Regent Street）則舞場、酒肆薈萃之區。大公園二：一為海德（Hyde Park），廣三百六十畝，毗連坎輿頓園[8]（Kensington Gardens），則逾六百畝；次則瑞金園[9]（Regent Park），四百七十畝，附動、植物園。街道建築之犬牙交錯略似巴黎，河之隔岸較為冷落，亦有公園曰「巴特西」（Battersea Park），面積較小。此地勢之大概也。茲舉諸名勝之所如後：

國家圖畫館[10]（National Gallery）。在特拉法嘎廣場[11]（Trafalgar Square），館不甚廣，儲品則精，大抵為十五及十六世紀義大利名家作品，及法、德、西班牙等學校之成績，或由政府之購置，或由物主之遺贈。內有義人名畫二幀，以八萬七千五百鎊購得，約合華幣百餘萬，其畫為文迪克[12]（Van Dyck）所作之英王查理斯一世（Charles I）戎裝乘馬之圖，其一為若斐[13]（Raphael）之宗教畫。又「密蘭公爵夫人像」（Christina duchess of Milan）一幅，亦以七萬鎊購得，為義人侯彬[14]（Holbein）之作。

英國博物院[15]（British Museum）。在大羅賽街（Great Russell Street），廣儲上古及中古雕刻、美術人物、碑版等。希臘名畫及蠟畫（Encaustics）大抵湮沒，吾人無由得見，惟於摩賽（Mosaics）嵌石法及藥殮屍棺之藻繪，尚可想見古畫之意旨。除於義之旁貝古城所掘得者外，則以埃及國內發現最夥。英亡埃及後，其精華皆萃於此，洵屬洋洋大觀。巴比倫（Babylon）原始碑碣多種，字形奇奧，如箭簇、如草莢，交錯而成，經專家譯出，大抵為神話，殊可寶貴。又一室藏著名之愛爾金氏石刻（Elgin Marbles），而碩大無朋之石像，及巨逾十圍之石柱，重量萬鈞，亦不知如何而能移運至此。附設藏書樓，收羅亦富，且有吾國宋元人墨蹟，匆匆，未暇辨其真偽。

水晶宮[16]（Crystal Palace）。此為倫敦之特有建築，猶巴黎之鐵塔也，在昔登哈穆[17]（Sydenham），地址甚遠。純以玻璃及鐵造之，成於一千八百五十四年，靡金百餘萬鎊，然工料尋常，並不精美，蓋所用者僅薄片玻璃，非結晶之材也。樓宇六層，地廣三百畝。宮前園景較佳，噴泉池等略仿法之凡塞爾宮。廣廳列石像多具，中央及各廂陳設雜物，兼售茶食，彷彿遊戲場、市廠之類，但遊者寥落。前端列歷代帝后偶像，面貌各如其生。內有埃及館，滿布篆文、偶像等泥塑、彩畫，古色盎然，恍入吾國之廟宇，壁柱純埃及式，鏤金錯采，鐫繪極精，其尤可寶者，為世界著名之洛賽他石[18]（Rosetta Stone）。此石發現於洛賽他城，為後世迻譯古文之鎖鑰，刻有三種文字，即象形（Hieroglyphics）、

水晶宮（攝於 1910 年）

通俗（Enchorial，乃埃及之通俗文）及希臘（Greek）是也，若無此石，則上古之文明湮沒盡矣，所關詎不重哉？希臘館古雅與埃館略同，內有著名雕刻勞昆[19]（Laocoon）父子被蛇纏繞之像。餘如羅馬、英、德各有其館，未暇詳敘。是日遊此，遇一小學生為指導各部，其態度、談論儼如成人。據云其校即在鄰近，詢其年齡，答以十歲，歐人知識開啟之早，誠屬可驚！

倫敦堡[20]（The Tower of London）。位於泰穆士河岸，建築古樸，形同堡壘。廣苑中，殘雪疏林，雋爽如畫。宮門前，置車礮二尊，衛丘鵠列，朱衣竟體，峨黑絨冠而執戟鉞，氣象森嚴。其歷史尤饒戲劇興味，所謂 Dramatic。蓋歷代帝后居此，或遭刑戮，或被幽囚，椒殿[21]埋香，萇血化碧，紅鵑疑蜀帝[22]之魂，白柰[23]涴[24]天孫[25]之淚。迄今，觚棱夕照，河水澌澌，更誰弔滄桑之跡，話興亡之夢哉？當威廉帝[26]（William The Conqueror）之鐵騎南征入主英嶠也，雄圖大略，始創此堡以固國防，分設各部，如堡壘、武庫、皇宮、監獄、造幣廠、藏書樓等，自一千零七十八年以迄十二世紀逐漸擴充，蔚為總薈。其中一部曰「綠宮」[27]（Tower Green），宮中小室一隅鋪以花崗石，皇族及權貴之就死刑於此者凡七人：（一）哈士丁爵士[28]（Hastings），一四八四年；（二）安波林皇后[29]（Queen

Anne Boleyn）——亨利八世（Henry Ⅷ）之次妻，一五三六年五月十九日；（三）馬格來伯爵夫人[30]（Margaret, Countess Of Salisbury），一五四一年五月二十七日；（四）卡薩玲皇后[31]（Queen Katharine Howard）——亨利八世之第五妻，一五四二年二月十三日；（五）饒佛子爵夫人[32]（Jane, Viscountess Rochford），一五四二年二月十三日；（六）建格來爵夫人[33]（Lady Jane Grey），一五五四年二月十二日；（七）戴佛如伯爵[34]（Robert Devereux, Earl of Essex），一六〇一年二月二十五日。斷頭台上置一巨斧，厲惡可怖。建格來夫人年幼美貌，竟以蝤蠐[35]之頸膏此兇鋒，後世惋惜之，名畫家多繪圖以紀其事。諸人之刑，皆用該斧，惟安波林皇后斬於寶劍，特由聖奧梅宮（St. Omer）取出以斷其脰[36]者。屍皆瘞於堡內之聖彼得寺（Chapel of St. Peter）下，至諸人事蹟之奇哀頑豔，典籍可徵，非此篇所能盡也。予由曲狹之石級，盤旋而降於窖，幽邃黑暗，蛛網塵封，堆積古鏽之劍戟而閒寂無人，初不知即瘞屍處。出窖後，向經理室索閱其史而始知之，否則獨遊時必疑魅影之或現，生恐怖心矣。由鐵齒閘門通入監獄，諸囚所鐫姓名或隱謎於窗壁間，猶宛然可辨。有於窗上鐫一鐘，加「A」字於其間，乃阿拜勒博士（Dr. Thomas Abel）之謎，蓋鐘於英文為「Bell」，加

「A」字則如其姓。當亨利八世與其第一后Queen Katharine of Arragon[37]離婚時，博士援律為後辯護，八世以攖其逆鱗捕繫此獄，而以「違犯皇帝尊嚴罪」斬之，刑及律師，亦創聞也。緣宮外，有伊立撒伯公主路[38]（Princess Elisabeth's Walk），乃公主入獄時所經過者。夫建格來與伊立撒伯同以皇冑而被擁立，一則由御座而降為死囚，一則由犴狴而為聖主，終其身稱郅治[39]焉，司賓塞爾[40]（Edmund Spenser）有《神聖女皇之詩》[41]（The Fairy Queen）以頌之，何枯菀[42]茵溷[43]之迴殊也！又有所謂「血宮」[44]（The Bloody Tower）者，乃愛德華四世（Edward IV）之二皇子被其叔理查三世（Richard III）遣人暗殺於此。此說聞諸該室守衛之兵，且指示刺客掩入之小門，現已砌塞矣。至教士之刑於此堡者，有慕爾[45]（Thomas More）、費薛爾[46]（Fisher）、克蘭麥爾[47]（Cranmer）等，卒愈激起新教徒之勢力，諸人之死，於宗教之改革不為無功也。堡內有韋克斐館（Wakefield Tower）者，乃皇室寶器之陳列所，於一小室之中央置玻璃罩，四周繚以鐵欄，光彩騰射，鑽石冕數尊，尤為特色。最大者為愛德華七世之冕，計嵌鑽石二千八百十八粒，明珠二百九十七粒，額前綴大鑽石一，重三百零九卡拉，名「非洲之星」，沿邊飾玫瑰寶石五十二粒、鸚鵡寶石五十九粒，紅綠相間，瑰麗無倫，其形為條稜四拱，頂立十字，重三十九盎斯；次為喬治五世（George V）之冕，綴鑽石六千一百七十粒，印度翡翠一〇，重三十四卡拉，及其他寶石不計，矞皇矜麗，寶相莊嚴；女皇維多利亞及馬利后之冕，亦相彷彿；威爾斯太子（Prince of Wales）冕，純為金製，形式簡單。又，御杖，或稱皇節，與羅馬教皇所持之節（Scepter）形式略同，頂作金瓜式，外加條稜虛拱，嵌以珠寶，柄端嵌鑽石一，巨如鵝卵，重五百十六卡拉，為世界最巨之鑽，無價可估，亦稱「非洲之星」。其他寶器茲不具述。

議院。倫敦議院臨泰穆士河，原屬衛斯民宮[48]（Westminster Palace），舊址地廣八畝，造價三百萬鎊，為嘎惕克[49]（Gothic）古式，建於一千零九十七年，於一八五七年竣工。歷代帝后遊宴於此，亨利八世曾開貧民宴，款客六千，列簋三萬，然內容並不甚廣，不知如何布置者。牆壁為福來斯寇式[50]（Fresco），滿繪史事，取材宗教、武俠、公道三種精神，且多石像，皆帝后勳貴等。棟梁榱桷雕繪甚精，其花樣大抵以獅、馬、皇冠為標記。茲循序覼陳各室如左：

英王更衣室（King's Robing Room）。由維多利亞宮進門即為此室，空無器具，惟東壁繡屏下設御座一，餘三面皆壁畫，如「無名英雄之葬儀」，及十八世紀名畫家戴士[51]（W. Dyce）所作「阿塞王」[52]（King Arthur）之故事。王為紀元五百年至五百四十七年時人，勇武善戰，曾征服撒克遜人（Saxons）云。

皇家畫院[53]（Royal Gallery）。由更衣室即至此院，構造精麗，沿壁裝長排軟椅，壁立金人八，左畫奈爾森[54]（Nelson）之死，右畫威林頓（Wellington）與伯魯且爾（Blucher）戰後會於華鐵盧[55]（Waterloo）。又帝后畫像五幅，為喬治王及馬利后，維多利亞、阿立山大（Alexandra）二女王，及阿勒伯爾特太子（Prince Albert），皆文特哈屯[56]（Winterhalter）所作。

太子室[57]（Prince's Chamber）。室甚小，列石像三尊，中為維多利亞，左為慈善之神（Mercy），右為公道之神（Justice）。壁畫為特都爾[58]（Tudors）諸王后及被刑之蘇格蘭女王，及慘死之建格來公主等。

貴族院[59]（House of Lords）。室式長方，縱百尺弱，橫僅及半。惟建築華美，鍍金之窗十二，嵌彩片玻璃，為英倫、愛爾蘭及蘇格蘭帝后之像。南端拱弧（Arch）三面，為戴士及庫樸[60]（C. W. Cope）等所作之畫，於英倫美術建築史為第一次之畫壁。其畫為：（一）黑太子承受愛德華三世賜爵之典；（二）

愛台伯王（Ethelbert King of Kent）受耶教洗禮；（三）亨利太子受法官處罰之圖。各窗之隅為十八元勳之造像，即一千二百十五年迫英王John[61]畫諾於大憲章（Magna Charta）者。室之北端設御座二，為帝后之用，兩旁分設多頭燭台一，華縟可觀，中央置書案。議員之席一律為紅革長凳，左右各四排，後端三排，共約六百座。議長、外交團報告席等外，尚有皇族旁聽席。末端兩排，小椅各八，紅革而繪金冕，或云為議員之長子而設。室外即爵士廳[62]（Peers' Lobby），空無陳設，惟銅架四具，懸人名牌，共可四百。

爵士廊（Peers' Corridor）。長狹之廊分段滿布壁畫，為庫樸所作：（一）爵士羅賽爾（Lord Russell）夫婦刑場之訣別；（二）查理斯一世（Charles I）之葬；（三）教士乘舟訪尋新英倫，其舟即著名之「五月花」（May Flower）；（四）教士拒絕簽約之被逐；（五）倫敦軍隊援救格勞斯特（Gloucester）城之出發；（六）騎兵保護貝興堡（Basing House）；（七）查理斯一世捕下院五議員；（八）查理斯一世屯兵拿亭漢穆[63]（Nottingham）以抗議院。

中央廳（Central Hall）。為八方式，空無陳設，惟四石像：（一）羅賽爾伯爵[64]（John Earl Russell）；（二）那爾扣特伯爵[65]（Stafford Henry Northcote

Earl of Iddesleigh）；（三）格拉士頓[66]（W. E. Gladstone）；（四）考沃爾伯爵[67]（G. L. Cower Earl of Granville），皆十八世紀人。

東廊（Eastern Corridor）。此廊列名畫六幀：（一）亨利八世欲與卡賽玲皇后（按亨利八世曾易其后六人，此為第一妻）離婚，對簿羅馬主教之法庭；（二）拉梯貿主教[68]（Bishop Latimer）覲愛德華六世論教產；（三）馬利女王戰勝建格來公主，入倫敦即位；（四）伊拉斯麥斯（Erasmus）及慕爾謁亨利七世之子女；（五）卡布特（John Cabote）父子奉亨利七世之命乘舟訪新地；（六）紅白薔薇之戰（按：一千四百五十五年時，約克〔York〕黨與蘭卡斯特〔Lancaster〕黨爭王位，各採薔薇花，分紅、白色以為標誌，慘殺三十年，此英史特著之事也）。

眾議院廊（House of Commons' Corridor）壁畫。（一）查理斯二世由村女伴逃之圖。按查理斯一世被弒後，其子二世逃蘇格蘭，克郎威爾[69]（Olive Cromwell）尚以兵窮追。二世匿大橡樹上兩晝夜，經少尉藍氏伴為其妹請牒往省病親，此女乘馬，而二世喬裝為圉人[70]，始獲間關逃往諾曼地（Normandy）。迨返國繼位，克郎威爾已死，乃斬其遺骸以復父讎云。畫中之少女，即藍靚（Jane Lane）也。（二）李女[71]（Alice Lisle）計救逃兵事，亦俠烈。當一千六百八十五年賽吉慕爾（Sedgemoor）之戰，兩軍各有一兵逃至李女處，女伴遣其僕報告有司，乘隙縱二兵逃。顧緹騎已先至，將女及二兵逮捕，法庭判女焚死，經眾籲求，始易為斬刑，世傳之「血讞」是也。（三）劊手以書縛芒特魯[72]（Marquis of Montrose）之頸。芒特魯侯爵為忠於王黨之人，韋哈特氏（Wishart）曾著拉丁文之書以譽之，侯爵被刑時，當局命以此書縛其頸，而後殺之，侯爵稱為「榮領」（光榮之衣領也），謂榮於賜勳云。（四）阿吉爾（Argyll）最後之睡。（五）查理斯二世於道佛爾（Dover）登岸。（六）兩院進皇冕於威廉帝及馬利后。（七）芒克（General Monck）宣言議院之自由。（八）釋放七主教。

眾議院[73]（House of Commons）。建造遠遜貴族院之華美，座位亦不甚敷。亨利三世以前之議院，僅以貴族及教士組織之，迨三世以無道被拘，其臣芒特福爾特[74]（Simon de Montfort）矯詔召集代議士，是為下院之濫觴，時一千二百六十五年也。其集會大抵於衛斯民教堂[75]（Westminster Abbey）之查撲特館[76]（Chapter House），至一千五百四十七年，始移入此間之聖斯泰芬教堂[77]（St. Stephen），迄一千八百三十四年遭倫敦之大火，始改建。此室中，設御座及書案，議員席一律為黑革之長凳，左右各五排，每方約一百五十餘座。上有廊如戲台，並設婦女參觀席，為此院之始創。蓋以前格於規例，不許婦女到場，今則時局大異，喧傳已久之Flapper Vote——「少女選舉權」已於日前（三月十二日）在眾院通過第一讀會，凡女子年滿二十一即有選舉權，與男子同。將來投票者，男子計一二二五〇〇〇〇，而女子則一四五〇〇〇〇〇，且佔多數，政局將永操於女性之手，亦英國歷史中重要之變遷也。

聖斯泰芬堂（St. Stephen's Hall）。為長闊之室，左右列石像各六，即克拉蘭頓（Clarendon）、漢穆頓（Hampton）、福克蘭（Falkland）、塞勒屯（Selten）、撒麥斯（Somers）、瓦浦爾（Robert Walpole）、曼士菲（Mansfield）、霞丹（Chatham）、法克士（Fox）、匹特（pitt）、伯爾克（Burke）、格拉屯（Gratten）。

聖斯泰芬塋[78]（St. Stephen's Crypt）。為地窖之教堂，及教士葬處。建築精麗，尤以遙矚其室頂（內部）拱弧糾紛，極文采披離之致，但以如此佳所曾被眾議院用為儲煤進膳之室，復充爨舍[79]，後經亨利八世重修，得復莊嚴之舊觀，而慎加保護云。內部之建築，概略如此。門外廣場前，有理查來昂[80]（Richard the Lion-Hearted）跨馬揚鞭之銅像。牆邊窄徑，則鑄有克郎威爾之像，俯首佇立，厥狀嚴厲，與特拉法嘎廣場查理斯一世騎馬之像遙遙相對。一以革命成功，一以專制被弒，彼此仇讎，而國人共保存之，不加軒輊。予因涉想南京之秀山公園，聞已改為中山公園，其銅像不易銷毀，乃以桔槔[81]束縛其首，予遠客海外，不知其事確否。該園乃其部曲集資所建，以中山之賢，必不願奪他人私產，豈欲向秀山行共產主義乎？此舉不惟侮秀山，抑且侮中山矣，何當局所見之鄙陋也！各國都會，皆公園、銅像林立，以吾國土之大，何不加建？乃即此一二，尚欲毀之。且黨派紛爭，此興彼仆，設使循環報復，則歷史遺跡必銷毀淨盡而後已，不亦顛乎？或曰，財政支絀，無力另造。然頻年內戰，靡金億兆，鑄槍彈以自剿其族類，若移為地方建設之需，不綽有餘裕乎？噫！

衛斯民教堂。議院對面即衛斯民教堂，地廣六百畝，一千零四十二年愛德華[82]（Edward The Confessor）所創造。自威廉始，歷代君主皆加冕於此。設有御座，蘇格蘭諸王亦沿用之，各帝后及耆宿、名流均葬於此。去年大詩家哈代[83]（Thomas Hardy）遺命，欲於故里與妻合殯。當局議決，剖取其心，葬之故里，屍體則瘞此堂，以申崇敬。一九二〇年，復為無名之軍人（The Unknown Warrior）營窀穸[84]於正廳，矜式國殤也。亨利七世之墓最為華美，隔以堅厚之銅闕，鐫刻甚精。諸墓之像，或坐或立，尤多仰臥。某爵士之石像，被遊人滿刻姓名於其頭面手臂藉為紀念，夫遊覽而題名疥壁[85]已屬惡習，況摧殘偶像之面目乎？而銅版鐫像平鋪墓面之法甚佳，工料既省，且免毀傷，於東隅某室中見之。又一小閣，庋藏蠟像。古俗，凡帝后舉殯，皆以此前導。亨利三世以前，且以原屍露面於外，俾眾得瞻遺容，兼以證其面目如生，免被刺謀殺之嫌，後以蠟俑代之。

法庭——予由英友介紹，得觀法庭民事部，在斯特蘭街[86]（Strand），巍然廣廈，分十九庭，刑事部即奧貝雷堂[87]（Old Bailey），為古監獄之原址。開審時，法官高坐，左側坐襄讞[88]十二員，男、女皆有，逐一宣誓，而後裁判，囚犯立於法官對面之高台上就鞫。最觸目者，即諸律師之假髮（Wig），霜鬢雪髫[89]，顯非天然。夫法庭尚實，偽飾何為？殊所不解。埃及法官裁判死刑時，頸間懸掛金小像，稱為「真實之神」，其義甚明也。因此假髮，予遂憶及髮辮。吾華人以豬尾見稱於世界久矣，迄今各報紙凡繪華人必加辮以為標誌，然華人之有辮，僅於四千餘年歷史中佔二百六十年耳，且長大下垂，與豚尾迴異。英人古裝亦有辮，細小且翹然而起，酷肖豚尾，試觀倫敦城中之銅像，尚有翹其辮者可以為證。

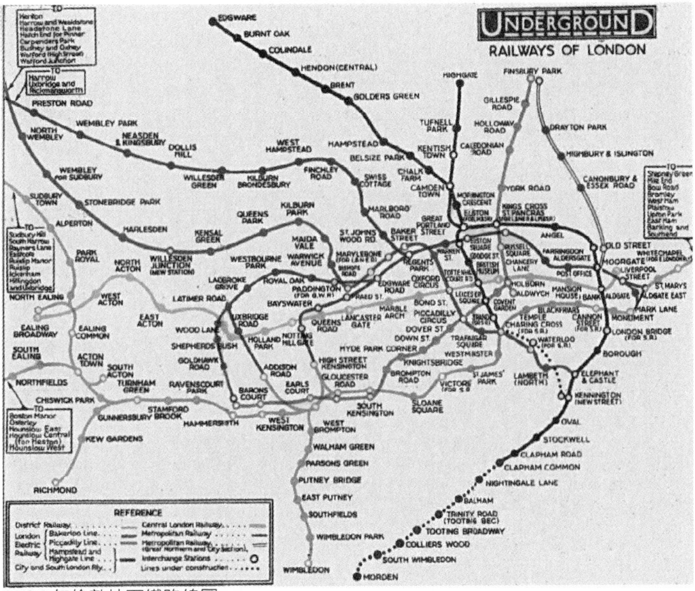

1926 年倫敦地下鐵路線圖

註解

1 拿地尼伯爵（Count Carlo Nardini）：為義大利駐巴黎副總領事，於一九二七年九月十七日被一名從義大利來到巴黎的無政府主義者蒙多諾（Sergio Modugno）所槍殺。當時媒體估計，殺人動機為義大利政府不給予在境外的那些反法西斯者的妻子護照有關。

2 生芻：弔喪的祭禮。

3 法斯西斯主義：今譯作法西斯主義。

4 泰穆士河：今譯泰晤士河。

5 奧克斯福街：今譯作牛津街。

6 匹卡的歷：今譯作皮卡迪利，為倫敦一條主要街道，西到海德公園角，東到皮卡迪利圓環。

7 瑞金街：今譯作攝政街，得名於攝政王，即後來的喬治四世。

8 坎興頓園：今譯作肯辛頓花園。

9 瑞金園：今譯作攝政公園。

10 國家圖畫館：今譯作國家美術館。

11 特拉法嘎廣場：今譯作特拉法加廣場。

12 文迪克：今譯作安東尼．范．戴克爵士（Sir Anthony van Dyck, 1599-1641），為比利時弗拉芒族畫家，是英國國王查理一世時期的英國宮廷首席畫家。

13 若斐：今譯作拉斐爾．聖齊奧（Raffaello Sanzio, 1483-1520），義大利畫家、建築師，與達文西和米開朗基羅合稱「文藝復興藝術三傑」，重要作品有「雅典學院」。

14 侯彬：今譯作小漢斯．霍爾拜因（Hans Holbein der Jüngere, c.1497-1543），為德國畫家，屬於歐洲北方文藝復興時代的藝術家，最著名的作品是木版畫「死神之舞」。

15 英國博物院：今譯作大英博物館。

16 水晶宮：為工業革命時代的重要象徵物。原先是世界博覽會首次於一八五一年在倫敦舉行時的展示館，這場世界博覽會的正式名稱為「萬國工業博覽會」。世博結束後，當局於一八五四年在倫敦南面重建更華麗的水晶宮。水晶宮後毀於一九三六年十一月三十日的一場火災，目前現址為水晶宮國家體育中心。

17 昔登哈穆：今譯作悉登漢姆。

18 洛賽他石：今譯作羅塞塔石碑。

19 勞昆：即勞孔群像。勞孔本為特洛伊城的祭司，因為不服從上帝的命令，警告特洛伊人小心希臘人別有陰謀的木馬，因而觸怒了阿波羅，阿波羅於是派出兩隻海蛇去尋找勞孔父子，並將其殺死。

20 倫敦堡：今譯作倫敦塔。

21 椒殿：指宮殿或后妃。

22 蜀帝：相傳蜀帝杜宇死，其魂化為杜鵑。後用以借指杜鵑。

23 白柰：指茉莉花，為喪事的飾花。

24 涴：污染、弄髒。

25 天孫：指織女星的別稱。

26 威廉帝：即威廉一世（William I of England, c. 1028-1087），一〇六六年成為英格蘭的第一位諾曼人國王。

27 綠宮：今譯作綠塔，為私密執行死刑之地。

28 哈士丁爵士：今譯作威廉・赫斯廷斯男爵（William Hastings, 1431-1483）。

29 安波林皇后：今譯作安妮・博林（Anne Boleyn, c.1501-1536），英格蘭王后，英王亨利八世第二任妻子，伊莉莎白一世的生母。一五三六年五月二日被捕入獄，關進倫敦塔；五月十九日以通姦罪被斬首。

30 馬格來伯爵夫人：今譯作索爾茲伯里女伯爵（Margaret Pole, Countess of Salisbury, 1473-1541），為第十七代沃里克伯爵愛德華・金雀花（Edward Plantagenet, 17th Earl of Warwick）的姊姊。

31 卡薩玲皇后：今譯作凱瑟琳・霍華德（Catherine Howard, c. 1523 –1542）。瑪莉一世、伊莉莎白一世的繼母，被稱為「無刺的玫瑰」。一五四一年與亨利八世離婚，一年後以通姦罪遭斬首。

32 饒佛子爵夫人：今譯作羅奇福德子爵夫人（Jane Boleyn, Viscountess Rochford, c. 1505-1542）。曾指控其夫喬治・博林與其妹安妮・博林通姦。

33 建格來爵夫人：今譯作珍・格蕾（Lady Jane Grey, 1537-1554），為英格蘭女王，但在位僅數天即被廢黜，被瑪麗一世下令將她處死。

34 戴佛如伯爵：今譯作德弗羅，艾色克斯伯爵二世（Robert Devereux, 2nd Earl of Essex, 1565-1601），英格蘭將軍，為伊莉莎白一世的寵臣，後因叛國罪而遭斬首。

35 蝤蠐：天牛的幼蟲，身長而色白，形容美人的脖子。

36 脰：頸項、脖子。

37 Queen Katharine of Arragon：阿拉貢的凱瑟琳（Catherine of Aragon, 1485-1536），英國國王亨利八世的第一任王后，他與亨利八世的婚姻維持了二十四年，當亨利八世與安妮·博林於一五三三年一月秘密結婚後，便宣布和凱瑟琳的婚姻無效。

38 伊立撒伯公主路：今譯作伊莉莎白公主路。一五五四年，伊莉莎白曾被她的姊姊瑪麗一世關於倫敦塔。

39 郅治：天下大治，清明太平到極點。

40 司賓塞爾：今譯作愛德蒙·史賓賽（Edmund Spenser, 1552-1599），英國桂冠詩人。

41 《神聖女皇之詩》：今譯作《仙后》。

42 枯菀：指生死。

43 茵溷：比喻人的好壞不同的際遇。

44 血宮：今譯作血腥塔。

45 慕爾：今譯作湯瑪斯·摩爾（Sir Thomas More, 1478-1535），英格蘭政治家、作家。一五一六年用拉丁文寫成《烏托邦》一書，一五三五年因反對亨利八世兼任教會首腦而板處死。

46 費薛爾：今譯作約翰·費舍爾（Saint John Fisher, 1469-1535），英國羅馬天主教主教和殉道者，一五三五年因反對亨利八世兼任教會首腦而被處死。

47 克蘭麥爾：今譯作湯瑪斯·克蘭默（Thomas Cranmer, 1489-1556），第六十九任坎特伯雷大主教，為聖公會的代表人物和改革家，後被瑪麗皇后革職，於一五五六年被處火刑而死。

48 衛斯民宮：今譯作西敏宮，或國會大廈（Houses of Parliament）。

49 嗄惕克：今譯作哥德。

50 福來斯寇式：今譯作濕壁畫。

51 戴士：今譯作戴斯（William Dyce, 1806-1864），為維多利亞時期重要的畫家之一。

52 阿塞王：今譯作亞瑟王。

53 皇家畫院：今譯作皇家畫廊。

54 Nelson：畫作全名為 *The Death of Nelson*。

55 華鐵盧：今譯作滑鐵盧。

56 文特哈屯：今譯作溫德爾哈爾特（Franz Xaver Winterhalter, 1805-1873），德國畫家。重要作品包括「被侍女圍繞的歐仁妮皇后」（*Empress Eugénie Surrounded by Her Ladies in Waiting*）和奧地利伊莉莎白像。

57 太子室：今譯作王子廳。

58 特都爾：今譯作都鐸。

59 貴族院：今譯作上議院。

60 庫樸：今譯作克普（Charles West Cope, 1811-1890），英國維多利亞時期的畫家。

61 英王：指英格蘭國王約翰（John, 1166-1216），在位年期為一一九九至一二一六年。

62 爵士廳：今譯作貴族廳。

63 拿亭漢穆：今譯作諾丁罕。

64 羅賽爾伯爵：今譯作約翰．羅素，第一代羅素伯爵（John Russell, 1st Earl Russell，1792-1878），活躍於十九世紀中期的英國輝格黨及自由黨政治家，曾任英國首相。

65 那爾扣特伯爵：今譯作諾斯考爵士（Stafford Henry Northcote, 1st Earl of Iddesleigh, 1818-1887）。一八五一年至一八八五年期間為英國保守黨政治家。

66 格拉士頓：今譯作格萊斯頓（William Ewart Gladstone, 1809-1898）英國政治家，曾四度出任英國首相。

67 考沃爾伯爵：今譯作格蘭維爾伯爵二世（Granville Leveson-Gower, 2nd Earl Granville, 1815-1891），英國自由黨的政治家。

68 拉梯貿主教：今譯作拉提麥主教。

69 克郎威爾：今譯作克倫威爾（Oliver Cromwell, 1599-1658），英國軍政領袖，曾推翻英國國王，轉換英國為共和制聯邦，出任英格蘭、蘇格蘭與愛爾蘭之護國公。

70 圉人：職官名，負責養馬芻牧等事。

71 李女：即利斯爾夫人（Lady Alice Lisle, 1617-1685），由於包庇蒙莫茨叛亂（一六八五）的逃犯而被處決。

72 芒特魯：今譯作蒙特羅斯（James Graham Montrose,1st Marquis and 5th Earl of Montrose ,1612-

1650），蘇格蘭軍人。

73 眾議院：今譯作下議院。

74 芒特福爾特：今譯作西蒙・德・孟福爾，第六代萊切斯特伯爵（Simon de Montfort, 6th Earl of Leicester, 1208?–1265）。

75 衛斯民教堂：今譯作西敏寺。

76 查撲特館：今譯作大教堂會議室。

77 聖斯泰芬教堂：今譯作聖史蒂芬教堂。

78 塋：墓地。

79 黌舍：校舍。

80 理查來昂：即理查一世（Richard I, 1157-1199），繼任英格蘭國王之後稱理查一世。因其在戰爭中總是一馬當先，猶如獅子般勇猛，因此得到「獅心王」的稱號。

81 槔桔：應為桔槔。長桿一端繫重物，另一端繫水桶，利用槓桿原理的人力提水的工具。

82 愛德華：即懺悔者愛德華（Edward the Confessor, 1003-1066），英國的盎格魯—撒克遜王朝君主（一〇四二年至一〇六六年在位），由於對基督教信仰有無比的虔誠，被稱作「懺悔者」，或稱「聖愛德華」，於一一六一年封聖。

83 哈代（Thomas Hardy, 1840-1928）：英國作家、詩人。生於農村沒落貴族家庭，一八六一年往倫敦學習建築工程，並從事文學、哲學和神學的研究。當過幾年建築師，後致力於文學創作。重要作品包括《德伯家的苔絲》和《無名的裘德》。

84 窀穸：墓穴。

85 疥壁：塗鴉。

86 斯特蘭街：或譯作河岸街。

87 奧貝雷堂：今譯作老貝利。

88 襄讞：協助審判定罪。

89 髩：臉旁靠近耳朵的頭髮。

閱報雜感

予於報紙喜閱訟案，頗饒興趣。客冬，某案引起社會之評論，投函各報——題為「許殺之權」（The Right to Kill）。緣某少年貧而喪偶，所遺子女皆某撫育，致牽累不克營業。最幼之女甫四齡，久病，醫謂不治，某乃將此女投浴網中溺斃之，而自首於署，官判無罪。輿論譁然，司法界且有揚言者，謂應續訂新律，凡病人經三醫證明無救者，得殺之以止其痛苦云。有投函於 *The Morning Post* [1] 報者，謂其家屬某患臟瘤，諸醫束手，一醫且言不能延至一星期後，此病者經十七年乃歿，且非死於臟瘤云。前案判決未久，又得相類者。一媼患肝瘤，經醫院割後不堪其苦，醫亦證明無救，媼之女（已嫁者）乃以砒霜死之，官判此女有神經病，監禁終身。又，某被二醫妄指為狂癇，禁錮瘋人院中二十年，逃出後，乃訟二醫，判償金二萬鎊，二醫不服而上訴，竟改原判，減為五百鎊，某憤極自殺。此皆倫敦報紙所載者，各案詳情，予不得知，以法官之經驗或有真知灼見，惟予意醫可誤證，或賄託，應由病者邀集證人，簽名自願就死，則殺之者方為無罪。然各國法律多禁自殺，嘗試不成，則遭囚繫，否則加死者以臨時病狂之惡名，判詞千篇一律，雖遺書暢敘理由，概置不論。倫敦有男女二人，因貧不克自存，乃相約同死，不幸遇救，執送有司，立判入獄，女聞之色慘變，頓時暈厥。不蒙哀矜，反獲罪譴，何其酷也！死且無權，孰謂歐美人民得享自由哉？

鬼打電話——去年九月五日，巴黎出版之英文報 *Daily Mail* 2 紀柏林消息：有名佛坦斯凱（Foltanski）者，經商於城市，遺其妻、子等村居。某一日，忽聞電話屢鳴，接之，乃其妻之語音，謂己將死，諸童稚方圍哭云。某知該村無電話，疑其友仿效妻語而惡作劇也，立搖鈴探詢電話局適來之電話係何人所發，司線員答曰：「頃無人取用尊處號碼。」某惶惑竟夜。黎明，村宅之役駕汽車至，謂其妻歿於夜半，某急乘車返。侍者云，妻病危時，厭其子女之環哭，欲以電話召其夫，惟距該村八里外方有電話，侍者慰阻，妻乃悵悵而歿。

因果——倫敦某鐵路司機員娶再醮[3]婦，婦之前夫乃被謀殺於鐵路者。二年後，司機員暴亡，其地恰為婦之前夫所死之室。又某商之妻被殺，驗為剃髮之刀，但兇器迄未查獲，某雖被嫌入獄，旋亦得釋。二年後，某以剃刀自戕於其妻所死之室中。歐人不信因果，謂為巧合之事（Coincidence），惟倫敦之 *The Chronicle* [4]報每討論靈魂，予曾投函供以資料云。

與 *The Chronicle* 報談靈魂之函——昨見貴報討論靈魂及某君函述事蹟，與予所見聞者亦多相類，或謂此皆偶然之事，否則何以人死後大抵杳無音訊？然予以為，精魂各有強弱，必特強者方能有所表示，否則幽明間不易溝通也。茲述各事如下：予之外祖母居北京時，與水稼軒工部之夫人相友善，過從亦密。會水夫人病，其子亦病且死，家人秘不以告。夫人忽召其子婦至，嚴詰之，答以無恙，乃斥之曰：「汝尚欲瞞我耶？彼頃親來報告，謂死時囑曹媽（女傭）稟聞，而拒不往云。」婦聞言，始泣，曰：「其事確也。」夫人哀痛，自齧[5]其手指見血，數小時後亦歿。此事為吾母所言也。又四年前，予由美返國，寓滬之南京路二十號。同居僅一侍女，名阿毛。某日予午睡，侍女忽賚熱水一壺，置予室內，作詫聲曰：「咦？」即悄然去。予睡起，詰其故，答曰：「方行經汝室外，見汝立門前，低呼：『阿毛，送熱水為予盥面。』予遂往與寢室毗連之浴所取得熱水，迨送至室內，見汝方酣睡，衣履皆褪置於側，故為驚詫耳。」

按：是夕，予擬赴宴，屆時必須熱水梳洗，但午睡為時尚早，故未言及。詎予睡時，魂竟離體而傳令耶？又二年前，寓滬之同孚路八號。朱樓向南，臨方式球場，北階前黃沙碾徑，餘繞場三面悉冬青樹，西即通衢。高槐覆牆，而鏤花鐵門在焉。入夜，則門如鍵，宅中且有印度警吏二員，晝夜巡守。當二月十四夜，予聞樓下有聲，疑為胠篋[6]之徒，乃起立，凝神靜聽聲之所在。復取手槍，平時因避危險，槍機悉已拆卸，此時予乃將彈筒及彈粒一一裝納，費時約五分鐘，則腦已清醒，非復睡眼之朦朧矣，乃悄步至廊，向球場瞭望。時方細雨，門外汽油之路燈，光極強烈，照雨絲如金線，清晰可睹。瞥見草場上有物移動於樹影颭亂中，旋即越沙徑，趨入廊廡，恰當予所憑欄之下，為黑物一團，如人之傴背。但近在咫尺，既不見人形，而移動平均，無步行躑躅之態，且廊廡間即警吏棲息之所，果為竊賊，應畏懼不前，人歟？鬼歟？殊為惶惑。乃鳴壁鈴，僕役群起，詢諸警吏，方溺職而入睡鄉，固云無所睹也。相率偵緝，撥花撼樹，搜尋殆徧，而無蹤跡，門鍵尚未啟也。其為竊賊攀樹逾牆逃去耶？予殊不能解釋之。

註解

1 *The Morning Post*：《英國早報》。
2 *Daily Mail*：《每日郵報》。
3 再醮：再次結婚。
4 *The Chronicle*：《紀事報》。
5 齧：咬。
6 胠篋：泛指竊盜。

瀛洲鬼趣

前篇曾撮紀西報談鬼數則，茲更有所聞，錄之遣悶，猶東坡之在黃州，同此趣旨也。八月杪[1]，《倫敦快報》稱，美之國務卿開洛格氏[2]到巴黎簽「非戰條約」時，飭其大使館與法之外部交涉，謂簽約時，彼座將列於白理昂氏[3]之右，恰為故總統威爾遜氏[4]起草「凡塞爾條約」之原處，彼畏懼威爾遜之鬼，請將簽約於外部之議改為凡塞爾皇宮。此點頗有礙難，因德使斯特來曼博士絕不願往該處而生感觸，德使之蒞法京，此為六十一年來之第一次也。開洛格復請改於藍寶睞廳（Rambouillet），法政府允之，且謂雖仍座列白理昂之右，但威爾遜曾坐之椅則決擯不用云。

倫敦各報紀一自殺奇案：有「冬花園」[5]者，倫敦著名之劇場也，其導演主任班乃特君於八月初無故自殺。案經審訊，班氏之老母扶杖到庭，供稱其子年三十六，康健無病，不喜煙酒，度日愉快，尤樂其職業。母子同居，肇事之日，曾與母談笑甚歡，黃昏照常入浴，臨往之一分鐘前，尚與母作笑謔，即闔浴扉放水。少頃，母叩扉催其晚餐，不應，破扉入視，則已自縊於大櫥中，衣履已全褪卸，似準備入浴，而尚未及者。此木櫥乃一星期前所購，班母心惡其狀不祥，而未言也。次傳劇場經理，供稱班氏方與彼規畫營業，進款亦豐，絕無煩惱。復由官醫檢驗其屍，謂肉體與神經均極康健無病，法庭乃按例批為臨時病狂而自殺。班母向法官詰責，謂其子無病，必受意外遭逢而致死云。回家後，乃焚木櫥，以絕其祟。

又，數年前，予居紐約，見報載某案有殺妻而埋之馬廄中者，妻訴於居宅業主夢中，業主報警，逕掘馬廄而得屍焉。

三十年不言之人——某日，倫敦報載「三十年不言之人逝世」之消息，謂此人曾因與妻反目，咒詈其妻將來必遭焚斃。詎次日其宅被焚，妻與二幼子皆葬身火窟，某痛悔失言，遂緘口終身。此較息夫人三年不言，尤為難能也。

醫生殺貓案——倫敦某醫院二醫治事畢，返休息室，按例為彼等所備之糕，已被貓竊食，乃憤以鐵器擊斃之，血污滿地。院長以虐傷畜命訟之於署，依法集訊，並飭官醫檢驗貓體致命之傷。據稱傷非要害，係因被擊受驚，驟罹心疾而殞。二醫辯稱因貓罹狂疾，恐傷害病人，故斃之，判均開釋。

夫歐美之文明，傷一物命亦繩以法，洵堪欽佩。惟於庖廚食品，及工廠原料如齒革羽毛等，則恣殺勿論，殆謂不得已而用之，然於義理終有未安。夫仁恕之道，推己及人，由近而遠，始於同族而廣於異族。當美洲文化已蒸之日，而有販鬻黑奴之舉，以為我白而彼黑也，彼等之視黑奴，與禽獸不甚懸殊。幸有林肯總統不惜宣戰以矯其謬，偉哉斯績，昭示靡窮，其功不在黑人之得救，而在世界正義之伸張。至於人與畜類，同為血肉之軀，四肢五官同具，惟形貌異、知識差耳。吾人對之遂抹殺一切道德，純為敷衍自欺，與販賣黑奴之心理何異？且牛馬為人服役，循序按法，勤勞無忤，較之奴隸，有過之而無不及，迨年老力盡，則殺而貨之。無怪乎近世勞工之抗業主，苟非人類力能結合，將同此收場耳。勞工抗爭利益，業主畏其勢力，曲予優容，獨於此披毛戴角之啞工竭其力而屠其身，曾無毫末之憐憫，良心安在？公道奚存？雖歐美有禁止虐待牲畜等會，而不肯為抉根澈底之主張，蓋囿於利用之私，不能自圓其說。夫公私不竝，義利難兼，不有犧牲，何能救濟？黑奴釋矣，次於黑奴者，待救孔殷，世有林肯其人為更進一步之撻伐否？設曰無之，亦世界文明之羞，而吾人之罪惡將永無湔滌之日矣。茲錄聶君其傑6《非洲人肉市》（見《新聞報》）之按語於次：

其傑按：此種風俗，乍見之似屬可怪。然世間之事，可怪者甚多，習而成俗，則群相安之，不以為怪矣。在不食人肉國之人，若居彼族中，見人肉而不食，則彼族必譁然而笑之，謂其迂愚。亦猶我輩食獸肉之人，見不食葷者，亦群相諷笑，以為迷信。夫彼輩舉箸時，見碗中一人手指、一人耳舌而不動於心者，亦何異我輩自命為文明國之人，舉箸、持刀叉取禽獸心肝入口而無動於衷也？外人誤入彼族阱陷中遭其縛宰訴而不聽者，亦何異禽獸之遭吾牽縛而無力自脫也？人有天倫骨肉之情，禽獸亦有母子之愛；人知痛苦，禽獸亦知痛苦；人知感恩怨怒，禽獸亦知感恩怨怒。所異者，智力不如人，故為人所制，任人宰割烹食，蓋純然一強弱之問題耳。弱者肉，強者食，或食人，或食獸，同一恃強凌弱耳，豈有他哉？夫天地間一切罪惡，不外乎以智苦愚、以強凌弱、以眾暴寡，大抵人居於愚者、弱者、寡者之地位時，則心中冀望他人之垂憫，雖盜賊之兇忍、虎狼之冥頑（城按：前篇所紀「猛獸之仁心」[7]一節，述及羅馬帝幼經狼哺，而《左傳》則有鬬穀於菟[8]幼經虎乳之事，是虎狼見人類之被棄兒童，尚拾取代為撫養，而人類轉取禽獸之幼稚烹食之，是人不如獸也），我輩遭之，猶希望其發慈悲心，一旦自居於優勝地位，更不復為愚者、弱者憐惜。常人食禽獸，獽[9]獽人食人，皆同此惡劣之心理而已。人對於他人欺善怕惡，則感覺甚易，而中心憎惡鄙薄之，獨自己終生在欺善怕惡之中則毫無所覺。是以聖人立教，重在仁恕。恕者，推己及人，仁民愛物之心也。（下略）

聶君之言與予不謀而合。君為聶中丞公子，富貴中人而能明心見性，尤屬難能也。

歐美亦有所謂 Vegetarian 者，即蔬食之人，而饕餮者飾詞詆之。曩見西報有投函論蔬食者之殘忍，謂草木亦為生物（Animation），不應傷殺。此等佞詞曲解，宣尼所謂詖遁淫邪（編者[10]按：詖遁淫邪者，詖詞、遁詞、淫詞、邪詞也。為孟子之說，而非孔子），應予辨明者也。夫仁恕之道，由近及遠，前既言之矣。草木非血肉之軀，與人類氣稟迥殊，雖應愛惜，衡其遠近，自應食植物以代動物，猶文明民族食獸肉以代人肉，其義甚明。且天生吾人，本非食肉之體質，試觀貓犬尖牙而食肉，牛馬方齒而食草，吾人未生獠牙，奈何食肉？只以人類多智，異想反常，臠割而烹飪之，違其本質，以致疾病叢生，損減年壽。此伍廷芳氏有蔬食可活二百年之說也。因殺獸而習見流血之慘，養成兇殘之性，人類且自相殺害，兵戰格鬥，一觸即發，釀成痛苦之生涯，靈魂亦積眚叢慝[11]，永墮沉淪之獄。肉體暫寄，精神永存，奈何恣一時之欲，而遺終古之悔？吾人試回憶由兒童以迄成年，其梯級已一一經過，如瞥電，如彈指，轉瞬即末端之歸宿，猶欲於此最短時期內恃強凌弱、損他利己，何其心計之拙而目光之淺也？或曰，子何所見，而知人有靈魂？答曰，人為萬物之靈，而謂無魂，是自儕於冥頑之動物也。謂地球外無星球，謂物質外無靈界，真宰造物詎能如是單簡？英儒司賓塞爾有言，科學愈發明，令人愈驚造物之巧，而知神閟之不可誣。旨哉言乎！或曰，假定人有靈魂，又何知善者超渡、惡者沉淪？答曰，無他，此因果自然之律耳。善者，身泰心安，死後精魂清輕；惡者，行醜德穢，死後精魂重滯。靈界安能無涇渭之分，而同流合污哉？南海康同璧[12]女士詩云：「與世日離天日近，冰心清淨不沾埃。」予今已臻此境，非淺俗者所能喻也。

成吉思汗（Genghiz Khan）墓——倫敦之 *The Daily Express*[13] 報紀，俄國探險家高思羅甫（Professor Kozlov）訪得蒙古王成吉思汗（元太祖）墓於戈壁已廢之城 Khara Khoto，頗足為黃種吐氣，茲譯如左（以下皆高氏所述）：

予自一千八百八十三年即專探亞洲古蹟，而於此墓則經二十載始探確無訛。予專習蒙古語言文字，同化為喇嘛之一，始得彼族指導，親歷其境焉。墓在奧爾杜斯[14]省（Province of Ordos），守護矜嚴，禮奠神閟。每年夏曆三月二十一日，其子孫及諸僧侶詣墓參祭。予由王之十八世嫡嗣阿拉山[15]（Alashan Genghiz Khan），及其留學俄國之兄介紹，始獲發明此秘。中華元代國史稱，王於一千二百二十七年薨於 Khara Khoto[16]之都城，因國際關係，秘而不宣。近見《華北日報》（*North China Review*）云，王墓在拉齊林（Racheurin），惟堆亂石，覆以氈幕，他無所有，棺為石製云，他報亦每為相類之傳布。此殆疑塚，蒙人故為流言，以免真者之被探獲云。予等由墓道而入迷宮（Labyrinth），為廣四十尺之方場。中置龐大之黃木，外槨藻繪悉東亞式，內儲銀棺，而覆以旗，長十尺，寬四尺，上繡王之徽章，棺下置皇冕七十八具，皆王所征服，取為紀念者。堂後供神龕而庋武器，中有嵌寶金劍，瑰麗無倫，近處設象牙御座一，乃掠取於印度者，尚有星學之儀器等。另一神龕為王半身之赤玉造像，几上置手寫歷史五百頁，皆王之真蹟祕事，蒙古及中華文並列，王簽名於冊面，並加鈐焉，且逐頁簽押以示信史。予欲抄寫或攝一影，但被拒絕，予厚贈監守者以珍品，始許詳讀。廳前有大如原體之獅、虎、馬等像，色澤鮮妍，詢何所製，答為寶玉。予忽聞啁啾鳥聲然，知此隧中必無生羽，旋見為蝙蝠群飛，彼等視為聖靈之物，飼以蜜調朝陽花種。

啞僧七人終年守墓，例不許與人交談，惟可與阿拉山語，以其為王之嫡裔也。棺前繚燃漆燈七盞，永不滅息，中懸碩大之玉磬，每七小時敲七響，謂王逢週歲之忌辰，靈魂戾止，吹滅各燈，附於領袖喇嘛之身，於神龕內之黑板作書，預言流年之吉凶。遺物中，有裝釘精美之耶經，乃英僧所贈，及遊人馬口·鮑妻[17]（Marco Polo，城按：似義大利人姓名）所贈之小金冊。其可詫者，則王之愛妻道爾馬（Dolma）皇后竟有銅像作佛教信徒式，現為全蒙喇嘛所崇拜者。后葬處距此二百里，予隨喇嘛及阿拉山等行四日而抵其處，老喇嘛導予等入。墓建於山谷適當之處，距墓四十尺為埃及式白石金字塔，沙徑徧茁叢莽，觀之不類此瑩為大可汗之妻。予等費半日之勞，始將亂石推移，得入隧窖，白色雲母石之棺在焉。碑以蒙古及中華之文並列，文曰：「此為道爾馬皇后安息之所。后自請大可汗於未薨之前取其生命，俾得先為布置地位。大可汗因而解脫之，以短劍剚后之胸，逝於懷抱間。七日後，大可汗亦薨。」

The Daily Express 報註曰：「成吉思汗為蒙古皇帝，生於一千一百六十二年，屬蒙古種，乃世界第一大征服家，戰勝全亞細亞及歐洲之大半部，歿於一千二百二十七年。楊赫思班爵士（Sir F. Younghusband）語本報云：『此墓發明，為第一重要之事。』」予知高思羅甫氏為卓越之博古家，所言均足徵信，皇家地學會曾於一千九百十一年贈以徽章，以獎其發明中央亞洲古蹟之功云。

註解

1 杪：末端、末尾。

2 開洛格氏：今譯作凱洛格（Frank Billings Kellogg,1856-1937），政治家。曾任美國國務卿（任期為一九二五年三月五日至一九二九年三月二十八日）。一九二七年和法國外交部長阿里斯蒂德．白里安發起非戰公約。凱洛格因此獲得一九二九年度諾貝爾和平獎。

3 白理昂氏：即阿里斯蒂德・白里安（Aristide Briand, 1862-1932），法國政治家，一九〇九至一九二九年間當過十一次法國總理，於一九二六年獲得諾貝爾和平獎。

4 威爾遜氏：即湯瑪斯・伍德羅・威爾遜（Thomas Woodrow Wilson, 1856-1924），美國第二十八任總統。

5 冬花園：即 Winter Garden Theatre。成立於一九一九年，位在特魯里街，於一九五九年歇業。

6 聶其傑（一八八〇—一九五三）：中國近代實業家。以字行，又名雲台。清末秀才，後學習電氣和化學工程，大半生致力經營近代企業，如紗廠、紡織公司、貿易公司等等。一九二〇年當上上海總商會會長和全國紗廠聯合會副會長。

7 猛獸之仁心：即〈卡匹透玲美術館〉一節。

8 鬬穀於菟：芈姓，鬬氏，名穀於菟，字子文，春秋時代楚國令尹。據《左傳・宣公四年》記載，子文為私生子，被丟棄在雲夢澤這一地方，由一隻母虎撫育長大。由於母老虎給這個孩子餵奶，所以給他起了穀於菟這個名字。當時楚國稱老虎為「於菟」，把餵乳稱為「穀」，意思是「虎乳育的」，因而這地方被稱為於菟。

9 獱：一種猿類動物。

10 編者：即凌啟鴻。

11 眚、慝：均指疾苦、災難。

12 康同璧（一八八三—一九六九）：字文佩，號華蔓；廣東南海人，康有為次女。為第二、三、四屆全國政協委員。擅長詩詞書畫，精研史籍，精通英文。

13 *The Daily Express*：《每日快報》。

14 奧爾杜斯：今譯作鄂爾多斯。

15 阿拉山：今譯作阿拉善。

16 Khara Khoto：黑水城，蒙古語稱為哈拉浩特。

17 馬口・鮑婁：即馬可・波羅。

旅況

歲聿云暮[1]，人事蕭條，島氣常陰，樓深晝晦，斷送韶華於鏡光燈影中，倏六閱月。而遙望鄉關，烽火未銷，吟蹤長滯，有「萬方多難此登臨」之慨。因憶舊作七律一首，乃去國時留別諸友者，詩曰：

客星穹瀚自徘徊，散髮居夷未可哀。浪跡春塵溫舊夢，迴潮心緒撥寒灰。
人能奔月真遺世，天遣投荒絕豔才。憶萬華嚴隨臆幻，謫居到處有樓台。

冬日苦短，而俗務倥傯[2]，膳宿外無多餘晷[3]。訪得日本餐館於鄰街：「席珍一篕」，即吾國之暖鍋爇火自行烹調者；而霜松豆酪清芬爽口，曩屬粗糲[4]以饗寒畯者[5]，今為奇雋之味，價亦特昂；豆腐，每方寸薄片需二辨士，合華幣制錢四百文，侍者以冰盤進十小片，為價四千矣，豈故鄉父老所能信者？某日，計值夏曆除夕，予勉自祓飾，獨宴於本旅館之特別餐廳，著黑緞平金繡鶴晚衣，躡金舄[6]而戴珠冕（珠抹額），自顧胡天胡帝，因竊笑曰：「吾冕雖不及倫敦堡所藏者之華貴，但同一享用而不賈禍。珠皆國產，為價本廉，當茲共和之世，凡力能購者儘可自由加冕（所寓旅館譯名「攝政宮」，一笑），而古帝王必流血以爭之，何其愚也？」獻歲後，摒擋諸務，仍返巴黎，且之瑞士，脫離陰寒之島國而居大陸，天氣晴和，精神為之一振。

巴黎選舉女皇——本年之嘉年華會（Carnival）於三月十五日舉行，選舉女皇多人。而皇中之皇，為寶睞・卡特女士（Mlle. Paulette Cayet），首膺國色之選。大隊遊行，點綴昇平景象，萬人載道，舉國若狂。日午，眾聚待於音樂館前，予所寓格蘭德旅館適居其右，而得俯觀。音樂館路及義大利街為縱橫之交，已萬頭攢動如麥浪，車馬斷絕。將近五時，始由銅盔黑纓之馬隊前導，繼以樂隊，各種花車魚貫而至。諸女皇分紅、黑、藍衣各組，每組殿以金冠縞衣之女，瓠犀[7]群輾，揚其皓腕柔荑[8]，向左右觀眾擲吻（Threw Kisses），謝其歡迎。間以儺裝及酒食之車，酒瓶巨丈，尤滑稽者為燒烤人肉，蓋歐美燒烤店向以全體雞豚等置旋轉機上如轆轤然，爇火於下烤之，此則炭盆如故，而旋轉機上所縛者乃一袒背之活人，時值春寒，袒身就火取暖，無所灼傷也。又一車，紙製白象四頭，載以寶瓶。最後，第七十輛為寶睞女皇，銀驄雙組緩駕金軿，四角各立金色擎球之天使，皇披翬[9]服，戴珠冕，手持御杖，挾左右扈從向眾致禮，而大會告成。輦過數小時，猶群眾塞途，不能散。音樂館前為地道電車之站，眾乃攢入地道，為尾閭之洩，始得鬆動。是日，遊人亦多儺裝巡遊街市，極一時之盛。歐人之評美色夙重「白琅德」（Blonde），即膚髮淡白者，故電影中有《男子愛白琅德》（Gentlemen Prefer Blondes）之戲名，而「勃若奈特」（Brunette）次之，即晴髮黑或棕色者，聞者不平，亦編製《婦女愛勃若奈特》（Ladies Prefer Brunettes）之戲。而今年巴黎被選之諸女皇，一律皆深色之睛髮，足為「勃若奈特」吐氣矣。予意，必髮光如漆，與雪膚相映，方見鮮妍，金鬘銀髩轉形黯淡耳。

木蘭如吉[10]之戲——木蘭如吉（Moulin Rouge Music-Hall）為巴黎著名之劇場，某夕所演者涉想高遐，化妝之妙嘆為觀止。場中，飭九天閶闔，夜會群真，

1930 年代的巴黎紅磨坊

以遠景繪宮宇，縹緲微茫，恍入夢境。衣裳悉柔薄之金綃，高颺長曳，裯褶如畫，以粉花茜蕊團簇之，彌形妍麗。帝命天使聘於列邦，使乃乘槎[11]，翱翔空際。得遇諸星精，長身姱貌[12]，莫辨男女，惟皆威若天神，不同凡豔，雖衣裝各異，一律為蔚藍之天色，或深或淺，光閃爍而式詭妙，飾以明星高簇為冠，聯綴成珮，穠華各盡其致。火星豔灼夭桃，寶光璀璨中，赤焰隱騰，燒天欲醉；彗星裸其素質，尾長盈丈，展布星光，寒輝曄曄；土星腰間環以星氣巨圈，如加玉帶。此皆特別可識者，尚有其他諸星精一一行過，顧行不以步，或緩或疾，流射於天空，殆有暗機代步，與浮槎之使雖相見而無款接，蓋上界以意會不以言傳也。

註解

1 歲聿云暮：一年將盡。
2 倥傯：事情紛繁迫促。
3 晷：時間。
4 粗糲：形容食物粗劣。
5 寒畯者：出身寒微的人。
6 金舄：以金為飾的一種鞋子。

1926 年紅磨坊的廣告海報

7 瓠犀：比喻美人整齊的牙齒。

8 柔荑：比喻女子的手細白柔美。

9 翬：一種具有五彩花紋的雞。

10 木蘭如吉：今譯作紅磨坊。

11 槎：木筏。

12 姱貌：美好的容貌。

重遊瑞士

由巴黎往瑞士，朝發夕至，脫金粉之鄉，挹山林之秀，心襟頓爽，惟文債叢脞1。前著《鴻雪因緣》，經同學凌楫民博士為登於平津各報，久停未續，閱者遠道函催，亟欲應之，費時匝月，始脫稿付郵，俗務亦粗應付，而九十韶光消磨強半矣。時值春寒，初以無妨稍待，迨偶窺園，則玉蘭、海棠等已漸零謝，乃嘆尋芳較晚，身居勝境，形勞案牘，得毋為山靈竊笑耶？

寓日內瓦湖畔，斗室精妍，靜無人到，逐日購花供几，自成欣賞。向南，扆扉雙啟，即半月式小廊，昕夕涵潤於湖光嵐影間，雖杜門2旬日，不為煩倦，如岳陽樓之朝暉夕陰，氣象萬千，疊展其圖畫也。晴時，澄波灩瀲，白鷗迴翔。雨則林巒悉隱，遠艇紅燈，熠昏破晦。倘遇陰霾——城市中稱為惡劣氣候者，此則松風怒吼，雪浪狂翻，如萬騎鏖兵，震撼天地，心與俱壯焉。堤路砥平，繚以短檻，行人往來疏林下，面目衣襟悉映於波光蕩漾間，距吾書帷咫尺，舉首即見，為此記時據實摹寫，無事虛構也。東麓有亭翼然，臨水菜市也。晨間，往市售花者踏輪車經此湖堤，背負巨筐，芬芳滿載，姹白嫣紅掠水天而過，景尤入畫。堤邊巨松一株，恰當樓側，濃陰古翠，百鳥所巢，春眠慵起，而芳鄰滋擾，曉逞啁啾，破予好夢。少頃，輪舟鼓浪拂松而過，有聲琮然，每晨準當八時，弗爽分晷，不啻為催客之鐘也。枕上見山頭晴雪，知天氣佳，即興奮作遊山計，購得草製小籃及藤杖各一，皆精緻可愛，因憶《紅樓夢》中《牙牌令》云「湊成籃子好採花，仙杖香桃芍藥芽」之句，登山吟賞，採擷盈籃。歸寓而花已萎，分插瓶中，時為易水，並置廊外使吸清氣，信宿竟見回春，蕊葉復挺，乃供室內，經暖而含葩盛放，分紅、白、黃、藍諸組，穠華妍麗，巧奪人工，始信天能造物，復嘆花不負予，益勤為灌溉焉。惟採時，曾遺一手套於十頃花田中（非農田，乃高原耳），無從尋覓，值金幣六圓，姑與群芳結香帕之盟而已。某日，美國席拍爾德女士移居山巔，予購車票伴往。下車後，為分攜雜物，步行半里抵寓，復為整理就緒，彼已疲頓偃息，惟稱謝不置，臨別且吻予，示感惺惺相惜本有同情。予遺以薔薇，作吉語歡慰之，祝其前途悉如玫魂花瓣鋪成，彼亦轉祝。予夙[3]樂觀，今因彼而悵觸身世，下山惘惘，幾潸然不自持矣。

此番所遊之處為霞穆拍瑞（Champery）、維拉（Villars）、香璧（Chamby）、白琅奈（Blonay）等山，而派勒林（Pelerin）山尤陡峻。乘階級式火車而上——予大抵獨遊，間亦加入公司遊覽隊——櫻花如海，掩映碧天雪嶺，農民耕於芳塍繡陌間，或且習而淡忘，不自知得天之厚也。遊車所到，兒童拍掌歡迎，或揭帽為禮（此以小學生為多），同座諸客多漠視若無睹，予則一一揚手答之。有時獨行深山中，農婦亦致訊詞，但囁嚅其語，不若兒童之天真憨暢，蓋恐不見答耳，瑞士人民好禮，乃其特性。風景可分三界：湖濱，玉宇瓊樓，珠林繡圃，饒華貴氣；山半，芳樹錦茵，春光豔冶；雪嶺，則高寒清峭而已。

國立機關應禁用英文——閱滬報，有海關改用華文之提議，為之稱快。按吾國海關成立迄今七十餘年，向由外人主持，往來文件悉用英字。豈獨海關？即郵政、鐵路、鹽務等機關亦多用英文，此等怪象，為世界各獨立國家所無。夷考其始，或因外債抵押，或因條約關係，政柄操諸客卿，國體尊嚴久喪，此等歷史污痕，絕不容存在者。而社會間英文勢力之普徧，尤屬可驚。去年英報有某西人投函，謂共黨未作之先，華英感情甚洽，滬人之通英語者佔百分之九十五云，此言殊不盡誣[4]。予周遊各國，從未見以他種文字盛行於本境如吾國者，何華人於英文獨優而且普徧？蓋受其經濟勢力之壓迫，侵潤幾於淪肌浹髓[5]，故於其文字之同化，亦深入而不自覺耳。苟因溝通學術交換文明起見，英文固亦必需。若社會間矜為時髦，以不解英文為恥，則所見殊誤。蓋吾人屈於西方勢力之下而解英文，此則應引以為恥，而且痛者也。抑吾更有進者，國文為立國之精神，絕不可廢，而以白話代之。吾國言文不同，根本已造就，無可更張。至語音歧異，由於國土廣袤，按其面積，猶如歐洲之有多數國家，當然有各種語言，設使閩、粵、蘇、浙之人與直、魯土著交談，將無一語能通，益以時代之變遷、民俗之習染，各有語風，各成音調，紛雜歧異，莫可究詰，所幸者惟文辭統一耳。設使五千年之歷史，當時係用白話紀錄者，則今日將無人能讀之，即能讀矣，而誤解謬釋亦如佛經、仙訣之奧妙，愈演而紕繆愈多耳。且文辭之妙，在以簡代繁、以精代粗，意義確定，界限嚴明，字句皆鍛鍊而成，詞藻由雕琢而美，此豈鄉村市井之土語所能代乎？文辭一二字能賅括者，白話則用字數倍之多，所多者浮泛疵累之字耳，孰優孰便，可瞭然矣。文辭意義深奧，格律謹嚴，非不學者所能利用，然惟深嚴，始成藝術，夫藝術不必盡人皆能也，亦絕不可廢，必有專家治之，況吾國以特殊情形，賴以統一語言者乎？

與西女士談話感想——某日，席拍爾德女士函約午餐。予購車票登山，逕造其寓，值彼外出未歸，遇其友昔穆森夫人，邀憩樹陰。談次，彼詢予理想中之上帝體相何似，答以無體無相，有體相則權力有限，無體相則權力無窮。彼拍掌嘆絕，且伸其柔荑與予握手。少頃，席女士返寓，即入座就餐。有巨蟻蠕行於桌布，彼以指搓斃之，予勸以不可傷生，彼然之，續有蟻至，則以輕拈之，擲出窗外。彼詢予是否佛教信徒，答以所諳甚淺，惟戒殺宗旨與吾本性契合，則不皈依之。予知此言非彼所樂聞，蓋彼方竭誠誘信耶教，誼殊可感，惟信仰各有主義，焉可苟同？若不聲明，是欺枉也。耶教主博愛而不戒殺，殊為缺憾，甚至變本加厲，因護教而有十字軍（一〇九六至一二九一年）二百餘年之慘殺，數百萬生命之死亡，且被帝國主義者利用為侵略之具，假使當時行於歐洲者為佛教而非耶教，則此奇禍可免。一言喪邦，況宗教挾洪水滔天之勢力，立言可不慎乎？世變亟矣，惟佛教可以弭兵於人心，立和平之根本，否則國際聯盟、非戰條約皆狙公賦芧，詭譎外交，殊尠實效也。人事繁劇，理論紛呶[6]，然千端萬緒皆以文明為目標，惟真文明而後有真安樂。何謂「真文明」？即吾儒仁恕之道，推己及人、仁民愛物之心，及佛氏人我眾生平等之旨，使世界一切弱小民族、冥愚動物皆得保護，不遭傷害，苟臻此境，則人世無異天堂，脫苦惱而享安樂，地球之空氣為之一變，詎不快哉？聞倫敦近有佛教之宣傳及廟宇之建設，挽浩劫而開景運，跂予望之。惜此舉未能創於十稔[7]以前，承歐洲大戰之後，收效當較易也。

閒居之遣興——山中歲月，居而不閒，蓋頗勞形於案牘。所賴以遣興者，每星期登山一次，及逐日選花供几而已。惟去取之間，亦費躊躇，殘花未忍遽棄，新者又乏瓶供養，除購置陶器外，兼以盥洗所用之杯皿等分貯之。由山中採取之花，雖色褪香消，猶加愛護。因彼生巖谷，怡然自得，予既強移之，應有以善其後也。樓前牡丹二樹，綴花數百朵，遊蜂為鬧，其一且飛入吾室，體巨如錢，黃粉與黑甲各半，固採香之健者。予急闔扉，欲留玩弄，而仍作書不輟，迨書畢視之，已不知所往，旋悟室後之門額略啟，通入後廳，殆由是飛去。惟慮重樓複閣，娟娟此豸，必迷不得出，失其草野生涯，而為繡闥[8]之殍[9]，詎非吾過耶？驀憶兒時往事，嬉於牡丹台下，有此類巨蜂棲止於石，予乘其不覺而擊斃之。舊案儼存，覆轍再蹈，疚懷自訟，他日東皇[10]裁判，當邀海內外之花王為證，較葉小鸞之扇損蝶衣、簪除花蝨，情節尤重也。

重往日內瓦——自客夏別日內瓦，不欲再往，即此番寓湖頭（芒特如）兩月餘，亦無心作湖尾（日內瓦）之遊。忽因事必須親到，且預計到該處當為六月四日，復以自詫，蓋去年到時恰同此月日也。予之記憶亦自有故，因紐約之斯台穆君曾隔歲預約暑假遊歐訪予於巴黎，詎彼到時，而予適於先一日離法，失之交臂，疑人生晤會亦有定數，今復遘此，益莫名其妙。然尚擬早一日前往，以便所事，惟欲再登愛爾伯雪山，而後告別，倘能如願，則到日內瓦，當為月之三日。方著山屐，擬飯後出發，詎天氣驟變，風雨相阻。次日始晴，即購券乘火車，駛升山頂。歸途，經葛力昂下車，詣席拍爾德女士，告以翌晨將往日內瓦，及輾轉恰值前遊之期，殊以為異。彼唶然曰：「此佳兆也，應遵行勿失。」予然之，四日成行矣。

此次重登雪山，風景猶昔，惟情懷較異，莫辨為悲為喜。同車客指示群玉之頂，遙見遊人如黑鴉數點，集於皚皚天末。予答曰：「然，曾有一女子攀陟該處，失足葬身雪窟，經數日之搜掘，始獲其屍。君等亦聞之乎？」客答以未。他一客曰：「此事於六星期前見之報紙，當時固有人戒以勿往，彼不從也。」座客相與嘆息。客夏，曾有一英婦溺斃日內瓦湖中。歐美人好遊，遇難者時有所聞，然不因噎廢食，此在鄉愿，則戒而裹足矣。

由芒特如往日內瓦，捨車而舟，穩渡四小時，得賞沿途佳景，且為價較廉，計殊得也。仍寓舊時旅舍，然昔之寓此，因鄰為劇場，深夜聽歌，便於往返，今則抵此兼旬[11]尚未涉足。某夜夢迴，方笙歌如沸，臥聆樂奏，知某也為狐步舞，某也為轉旋舞，往日芳朋俊侶沉酣於衣香燈影中之情景一一湧現，惟今已厭，此等幻影亦旋起旋滅。而別有所感者，在樂聲之悽咽，如訴人事，如惜年華，無限隱抑及變遷，胥寄此宛轉頓挫之節拍中。其將終也，則淫溢哀亂，曳長音而若不足，每闋皆然，頗合古樂府一唱三嘆之旨。已而汽車競鳴，知為酒闌人散。取視時計，方交四點，眾響漸寂，繼以一陣疏雨，淅瀝有聲，悽涼況味洗滌歌舞餘歡，反響亦殊不弱。物理由靜而得，天時人事在在可悟玄機，當局苦沉迷不悟耳。詩友費仲深君有「夜半笙歌倦枕哀」之句，恰符此境也。客夏遊此，每當黃昏散步，輒見隔岸雪山為夕陽渲染，赤城霞起，玉峰欲頹，景最明豔。今重來無睹，殊為不解。偶過遊覽公司，詢以天際之瑪璃屏何以失去，彼等胡盧12而笑，謂天氣清朗時，方得見之。然當晴時，亦瞻望弗及，有如神山縹緲，或隱或現者，何耶？

偶過國際聯盟會門外，有所感想。自本年裁兵集議後，尚無重要之會。當俄代表李迪威瑙13甫到時，當局因會黨之流言嚴為戒備，扈從之盛，聲容荼火，為從來所未有。而萬目睽睽中，李氏以龐然肥重之軀蒞止，顧其發言，眾認為趣劇，不與討論。惟法相白理昂氏曾答以滑稽語，謂如廢止一切武器，則便於民眾之國，蓋以體力代武器、以眾毆寡，則拳足多者佔勝利云。英人則稱李氏提議為 Colossal joke，意謂破天荒之大笑話。夫以赤俄謀和平，固屬不類，然其宗旨無可抨擊，雖其辦法荒疏，應別謀所以達此目的之方法，置不與議，則列強無和平之誠意可知矣，然提議者亦何嘗有誠意？此所以成一幕滑稽之戲也，予為莊嚴會所、湖山勝地惜焉！

註解

1 叢脞：繁瑣細碎。
2 杜門：閉門不出。
3 夙：平常、一向。
4 誣：不實。
5 淪肌浹髓：比喻感受深刻或受到深厚的恩惠。
6 紛呶：紛亂喧譁。
7 稔：一年。
8 繡闥：裝飾華麗的門。
9 殍：餓死的人。
10 東皇：指天神。
11 兼旬：二十天。
12 胡盧：笑的樣子。
13 李迪威璐：今譯作李維諾夫（Maxim Litvinoff, 1876-1951），曾任蘇聯外交部長（一九三〇—三九年），任內積極推行集體安全政策，改善蘇聯與西方國家的關係，促使蘇聯於一九三三年為美國所承認，以及於一九三四年加入國際聯盟。一九四一年至四三年期間任駐美大使。

百花會之夜遊

日內瓦湖畔每年春暮夏初，有花會二次，一在湖頭之芒特如，於五月舉行，名「水仙會」。花具仙姿，然不在水，偏植山野間，與水仙相似，當櫻、杏、蘋、梨、風信換盡，而娜惜司[1]（Narcissus）則盛放於阡陌間，如春郊疏雪。居民乃結隊遊行，為花慶壽，韻事也，然亦雜神話焉。古有少年Narcini者，具子都之姣，來自鄰邦羅馬，過日內瓦湖，既戀湖光，復矜己貌，顧影徘徊，累日不去，竟餓死於此，以豔殍而化名花，纖枝秀挺，玉朵欹垂，猶見當年風韻。此與「秋棠為思婦淚」同一佳話，不必信其事實也。湖尾，日內瓦風景既遜，湖頭花卉亦尠[2]，娜惜司之雲礽[3]未繁衍及此，居民欲踵事增華，乃諢名之曰「百花會」，於六月舉行。惟地屬名城，籌備盡善，燈彩軨鑾之盛，為芒特如所弗逮，即較巴黎之嘉年華會，亦且過之。蓋巴黎重在美人，此則重在美藝，一切飾品皆審美家之精心結構，在在表現藝術者也。月之二十三日，午後出發，予寓前有平台，高坐俯觀，一一寓目。觀畢晚餐，旋即就寢。窗外鼓樂喧闐，至為不耐，蓋孤客而處繁鬧之場，則愈感寂悶，況百憂駢集之身乎？初尚勉作不聞，而愈迫愈厲，如困痎心，受楚歌四面，計長夜瀆擾清眠，莫如趨就之，轉得消遣。乃起理妝，出外散步，則遊人如織，燈彩燭天，湖面紅綠交暈，逐水光流顫，幽豔獨絕。男女多執紙袋滿貯剪紙彩片，隨意向人拋擲，如散花之舞，即佇立之警士亦多被騷擾，例不禁也。婦女著薄綃闊領之衣，有揭其領以彩片傾入者；有拍行人之肩，待其回顧，則猛擲一掬者。予亦屢被拋擲，目為之迷，乃掩面逃歸，草草就寢，亦倦而成寐矣。次日賽會如昨，默思，苟晚間出遊，不可無備，亦購彩片一袋，暗藏籃中，而覆以巾，以示無挑釁之意。途中有擲予者，則倏報一掬，以為抵抗。有一擲即退者，有屢攻不已者，予亦奮勇追擊，循環報復，彼此縮頸揉目，或且嚏咳，蓋紙片撒入口中也。方與某甲劇鬥時，復來某乙，乘隙攫取予籃中之紙料，左右受敵，接應不暇，乃竟以籃倒向其腦額，拍擊餘料，傾罄[4]方棄甲曳兵而走，觀者大笑。眾除嘔噱[5]外，概不交談，故雖滿街追逐嬉戲，均默無言語，而予以遠客，竟與此邦人士無端啞戰，殊得趣味。是夕之遊，不啻夢境也。

註解

1 娜惜司：今譯作納西瑟斯。
2 尠：鮮少。
3 雲礽：後繼者。
4 罄：用完。
5 嘔噱：笑個不停。

文痞文丐之可悲

前寓倫敦，值大詩人哈代逝世，舉國哀悼表揚，遂為文痞利用時機，摹寫其字，售充真蹟，已見報紙記載。頃見六月二十五日《大公報》紀，《坦途月刊》第四期內發現偽造王靜安[1]詞稿之事，頗為該報所痛斥。此等事，尚係誣枉已死之人耳，予今尚生存，海內文痞竟將報紙已刊之拙稿肆行盜竊，或誣為予之函札，或將予稿冠以他人姓名，公然轉登他報，文字界之暴行，已與盜匪之擾亂臻同一程度。予於滬報，僅訂閱《新聞報》一份，已兩見之於該報之「快活林」。一為四月二十七日所刊之《巴黎嘉年華會》，投稿者僅採取予稿十分之一，餘皆彼自造者。既自有材料，何必借用予名？揑稱係予函述，可證明其妄者。予旅歐已二載，漫遊外國，以巴黎為根據地，豈有不知法幣名「佛郎」而反稱為金鎊之理？當即函請該報更正。詎又見六月四日之《新聞報》登有《成吉思汗墓》一篇，投稿者稱，係其友留英學生譯自《倫敦快報》而函告於彼者，即予譯自去年（一九二七）十月三十日之《倫敦快報》（*Daily Express*），已刊於五月二日之天津《大公報》之稿。彼略為增減，顛倒其段落，而直接抄錄一字不改之句，尤居大部分。予雖不工文，而於譯筆力求古雅，所用故典字句有非尋常習見者，若係他人所譯，何能一一吻合？而彼增以陋劣之句，與原文斷非出於一手。況以時期計，予稿刊布在先乎？客冬，初見快報，因事冗未曾檢存，至今年三月始親往快報館覓得。原文四月由瑞士譯寄於《大公報》，五月登出，六月即被盜登於上海《新聞報》。尤可證明者，《快報》原著人名高思羅甫，《大公報》未加註西文，故盜稿人不知如何拼寫，竟拼為 Gas Loach，此為彼並未目睹《倫敦快報》之證。復將篇末予之題詞刪去，易以老媪鼓琴之故事，為快報原文所無，亦屬揑造。予閱畢，立致函《新聞報》，並將《大公報》及《倫敦快報》原刊全數寄去，以證其妄。計此兩事，一則稱係予之函告，再則稱係其友之函告，殊不思此等長篇何能於函札中述之？蓋《新聞報》曾宣言，謂投稿者多屬造謠，大家此後譯件，非附原稿，概不收受，故彼等乃稱係友人之函述，而無原文云。滬報種類甚多，予不能徧閱，予稿被盜竊轉登於他報者，尚不知若干也。

年來神州一片土已成盜賊世界，士林痞丐之充斥，尤與相埒[2]。造謠以餬口，售淫書以荼毒社會，久為識者痛心。此輩既粗通文字，自命知識階級，何不謀正當職業，竟出此下策，間接反損礙其生計？蓋此等劣跡穢行倘被人偵知，孰敢任用之？報紙公布之件尚敢盜竊，如委以職業，託以財物，斷無不盜竊之理。國運方新，此輩先自剝奪其人格，更不計及將來公權及公民之資格矣。噫！

曩於故國，備遭文痞之擾，故避之若浼[3]。旅居歐美，除素稔者偶有往來外（然亦至稀），凡國人僑聚之所，良莠不齊，予遂因噎廢食，概不走訪，故每終年不說一句國語，且於巴黎，亦未見一個國人，蓋遨遊異地，如脫塵網，不欲再尋煩惱也。

註解

1 王靜安：即王國維。
2 埒：相等。
3 浼：污染。

遊覽之危險

予前曾紀今春有女子因遊雪山殞於芒特如，頃又見七月十六日之倫敦《太晤士報》[1]（*The Times*）紀六遊客畢命於愛爾伯雪山。據稱，其地屬瑞士之塞爾瑪特[2]（Zermatt）境，遊客之死於此者雖多，然六人同時遇難，則為二十五年來所僅見。彼等皆法蘭斯人，攀躋既高，為雲霧所迷，經數小時之困守，待霧消散，而發現峻陡之雪堆冰柱無路可通。前導者失足，一人挽救之，亦隨之墮。其處離地二千尺，餘四人試以繩緣下，悉墮於深淵。此由對面嘎瑙格拉山[3]（Gornergrat）之遊眾以望遠鏡窺見者，立即馳報有司，設法搜尋，昨始將六屍覓得，姓名亦均查明。此外，尚有一德國學生由瑪特杭山[4]（Matterhorn）墜落於瑟韋赫特[5]（Solvay Hut）附近，其處峻險，無可尋覓；又一德婦，偕引導人遊此處，為崩坼之冰塊擊傷甚重，逝於醫院；又格立森[6]（Grisons）之薩囊山谷[7]（Samnaun Valley）有劇雷大雪之轟激，致媚瑟（Maisa）及霞珉（Chamin）

兩河潰決，淹沒三百畝，毀橋梁九，所幸未傷人，皆近日事云云。尚有小瑪特杭山，在瑞士與義大利交界處，特為詳紀，俾國人遊此者知注意焉。《太晤士報》繪有專圖，此篇從略。

註解

1 《太晤士報》：今譯作《泰晤士報》。
2 塞爾瑪特：今譯作策馬特。
3 嘎瑙格拉：今譯作葛內拉特。
4 瑪特杭山：今譯作馬特洪峰。
5 瑟韋赫特：今譯作索威小屋。
6 格立森：今譯作格勞賓登州。
7 薩囊山谷：今譯作薩姆瑙恩。

予之宗教觀

世人多斥神道為迷信，然不信者何嘗不迷？何謂之迷？湮沒理想是也。捨理想而專務實利，知物質而不知何以成為物質之理，致社會乏精神維繫，而世道日趨於衰亂，皆此輩自稱不迷信者武斷愚頑之咎也（憲法先進之國，尚處處以宣誓輔行政，所以濟法治之窮）。予習聞中西人言及神道輒曰，必有所徵而後能信。此固當然之理，然可徵信之處即在吾人日常接觸之事物，不必求諸高渺。聖經靈蹟種種詭異之說，徒以炫惑庸流，惟自然物理，方足啟迪哲士。昧者不察，捨近求遠，此所謂迷也。何謂自然？天地之有文章，時令之有次序，動植物體之有組織，盡善盡美。孰主之者？是曰真宰。教徒分立門戶，各張旗幟，或稱一主，或信多神，皆庸人自擾，妄生分別。蓋神道異於肉體，不可名相，專而一之，念茲在茲，可也；析而散之，充塞瀰漫，無往不在，亦可也。人類擁其所主，黨同伐異，以褊嫉之心度神道，以閥閱[1]之見揆[2]自然，陋已。

凡一切自然物，其器官置備之周，文采選構之美，如有意識之製造品，此即真宰聖靈之蹟昭示於吾人者。試以心理為喻，因循漸進苟且而安者為無意識，倏忽變遷嚴為判別者為有意識。又如素絲，由舊敗而色蒼黃、而黑暗，固無足異，倘由純素忽染丹青，是曰人工。自然物之生長亦然，由青而藍，由鮮而萎，固無足異，倘忽色彩懸殊，文章燦列，是曰天工。瑞士有花曰 Tulip，即鬱金香之類，同根同種。其為花也，忽嚴判色彩，或純白如研[3]粉，或鮮紅如渥丹，以及鵝黃、鴉黑、姹紫、蔚藍，直如綢緞莊之各色絲料，美不勝收。是否經人力之揠苗助長而生變化，吾不得知，然就吾國而論，各種花卉不經人力之矯揉，純出天然之生長，而色彩懸殊燦如雲錦者，數亦至夥。曩於紐約，見藏書樓述及中國專有之花為他國所無者，約四千種云。至植物內部之組織營養各盡其妙，則於倫敦電影劇場見活動映本，較植物學之文字講演尤為明瞭也。至於動物，則火奴魯魯[4]（Honolulu）之魚特顯異徵，各色之鮮豔如翠玉、如藍晶，寶光璀璨，尚不足異，而奇在文采如有意識之描繪：有通體鵝黃，匀排藍縷數條，而起點及收筆循環巧篆者；有首尾皆黑，鑲以白邊，中段作杏黃色，黑處復飾藍縷一條，簡而有致者；有通體綠色，貫以硃紅一幅，幅邊飾以金縷者；有純黑其體，嵌三小方片泥金為圈，內實以硃紅者。據魚場說明書稱，魚皆產於哈威夷[5]（Hawaii）海中，共得四百餘種，配色之佳，花樣之妙，美術家窮於摹仿云。然則誰造之者？此大美術家即真宰也。他如蝴蝶、孔雀皆著異常之美，吾人試遊覽博物院，即天工製造之陳列所，博物家如不識帝力，其學亦如機械死書，為可羞也。

天於萬物中賦吾人以特殊權力，則吾人應持博愛主義，盡保護之責，不得擾亂殘殺。吾人之美在德行，猶花木之芬芳、鳥獸之文采，倘自暴棄，則默造之者即能默毀之。罰在靈魂，較肉體尤酷，可揆天道而知。世界進化之終點曰美，吾人應力體天心，向形而上者求之。

神道之先機默示有足研究者。予髫齡[6]失怙[7]，侍母鄉居。舅方司榷津沽[8]，母命往依之，冀得較優之教育。母夙媚灶，為予問卜，得籤示曰：「君才一等本加人，況又存心克體仁。倘是遭逢得意後，莫將偽氣失天真。」恰係勉勗[9]遊子之詞。厥後雖未得意，而自此獨立為前程發軔之始。又遊廬山之仙人洞，龕祠純陽，吾宗也。道士慫試著蔡[10]，乃以婚事為詢，得示曰：「兩地家居共一山，如何似隔鬼門關。日月如梭人易老，許多勞碌不如閒。」此即吾母卜婚之讖，而畢生引以為悔者。當時予雖微詫，亦未措意，後且忘之，而年光荏苒，所遇迄無愜意者，獨立之志遂以堅決焉。夫山林井灶[11]，何有神祇？卜者誠虔，則亦感應。此即神道無往不在之徵也。

塘沽為津郡門戶，相距甚近。某日，舅署中秘書方君之夫人赴津，予約與同往探訪女學。瀕行，被舅罵阻。予忿甚，決與脫離。翌晨，逃登火車，車中遇佛照樓[12]主婦，挈往津寓。予不惟無旅費，即行李亦無之，年幼膽壯，鋌而走險。知方夫人寓《大公報》館，乃馳函暢訴。函為該報總理英斂之[13]君所見，大加嘆賞，親謁邀與方夫人同居，且委襄編輯，由是京津間聞名來訪者踵相接，與督署諸幕僚詩詞唱和無虛日。舅聞之，方欲追究，適因事被劾去職，直督袁公[14]乃委之助予籌辦女學，舅忍氣屈從，未幾辭去。然予之激成自立以迄今日者，皆舅氏一罵之功也。回首渭陽[15]，愴然人琴之感。

予初抵津，諸友偵知窘況，紛贈舊衣服及脂粉胰皂[16]，日用所需，供應無缺，其事甚趣，誼尤足感。自此，予於家庭錙銖未取，父母遺產且完全奉讓（予無兄弟，諸姊皆嫁，按法予應承襲遺產），可告無罪於親屬矣。顧乃眾叛親離，骨肉齮齕[17]，倫常慘變，而處世尤遭拂逆，天助我以經濟，而厄我以情感，為造成特異之境，俾得沉觀反省，證人天之契，此又私衷所感謝愉快者。悟解所及，筆之於篇，掬誠為世之具慧性善根者告焉。

註解

1 閥閱：功績和經歷；門第、世家。
2 揆：掌管、揣測。
3 砑：碾壓；用力軋磨，使器物光滑。
4 火奴魯魯：今譯作檀香山。
5 哈威夷：今譯作夏威夷。
6 髫齡：童年。
7 怙：父親。
8 司榷津沽：呂碧城的舅舅在天津做官。
9 勗：勉勵。
10 蓍蔡：占卜。
11 井灶：借指家園、故居。
12 佛照樓：位於天津市一座有百年歷史的建築，約建於一八八〇年，至二〇一一年正式拆除。
13 英斂之（一八六七—一九二六）：又名玉英華。清末民初的教育家、記者，中國近代天主教精神領袖。輔仁大學與《大公報》的創辦人。
14 袁公：即袁世凱。
15 渭陽：舅舅的代稱。
16 胰皂：肥皂。
17 齮齕：毀傷；陷害。

呂碧城（攝於倫敦）

跋

戊午冬，余遊美洲，獲識呂碧城女士於哥倫比亞大學。女士世為皖南望族，幼善詩詞，精六法，工丹青，年十七八即長北洋女校教務，才名滿天下，余愛慕之者久矣。一旦海外相逢，傾蓋言歡，詩文往還無虛夕。蓋女士不獨邃[1]於國學，而於佉盧之文[2]亦造詣綦深。嘗著《革命女俠秋瑾傳》一篇，余反覆讀之，擊節者屢，遂為紹介於報端，紐約、芝加哥著名各報莫不爭為刊載，而彼邦文人學士亦交口稱譽之。後余因事先女士歸國，十年以來，人事倥偬，音問遂疏。前年冬，女士自倫敦馳書抵余，命以所著《鴻雪因緣》布諸於平津各報，於是知女士已重渡太平洋及大西洋，而漫遊歐洲矣。夫歐洲多佳山水，其巔崖崛嵂，江濤洶湧，可歌可泣。今以女士清絕之詩辭出之，有不字字金玉乎？嘗聞某報昔日銷售不及二萬份，自刊載女士之《鴻雪因緣》後，數日之間，驟增至三萬五千份。嗚呼！洛陽紙貴，女士有矣。女士有高足弟子謝黃盛頤夫人，清才績學，獨得其師之心傳，近以女士舊日所刻《信芳集》詩詞及《鴻雪因緣》代付鉛槧，囑余任校讎之責。惟余與女士為十餘年文字之交，義固難辭，乃為盡匝月之功，次第勘閱。雖然，女士才識過人，慷慨有大志，出其餘緒以為詩文，已足睥睨百氏，吐納萬有，異日興盡歸來，抒其抱負以謀國，必有以慰吾人之望者，又安可僅以詩人目之歟？

民國己巳年（一九二九）春日，凌啟鴻[3]識於北平寓廬

註解

1 邃：精於。

2 佉盧之文：從右向左橫向書寫的古代文字，最早出現在公元前二五一年，通用於印度西北部、巴基斯坦一帶，於七世紀時被棄。

3 凌啟鴻：為呂碧城哥倫比亞大學同學，曾任北平大學法學院教授及上海法律事務所律師。

圖片出處

封面扉頁，五十至五十一頁跨頁圖：
Paris Monumental©Joly, L. and Leconte, J., Plan Commode de Paris avec L'itineraire des Autobus & Tramways Metropolitain, 1926/Wikimedia Commons/Public Domain.

封底扉頁，一百五十至一百五十一頁跨頁圖：
Geographia Pictoria Plan of London.©Geographicus Rare Antique Maps/Wikimedia Commons/public domain.

37 American actress Irene Rich (1891-1988) ©Bain News Service/Wikimedia Commons/public domain.
37 Publicity photo from Charlie Chaplin's 1921 movie "The Kid". Charlie Chaplin and Jackie Coogan.©Wikimedia Commons/public domain.
43 El Tovar Hotel, Grand Canyon, Coconino County, AZ©Historic American Buildings Survey/Whittlesey, Charles, Builder/Public Domain Mark 1.0.
43 El Tovar Hotel at Grand Canyon National Park, Arizona, United States, in the early 1900s.©Mav/Wikimedia Commons/Public Domain Mark 1.0.
49 Rudolph Valentino (1895 – 1926), Italian actor©Bain News Service/Wikimedia Commons/public domain.
55 cover of: Cook's Excursionist©Thomas Cook & Son/Wikimedia Commons/public domain.
61 Chillon Castle Geneva Lake Switzerland©Snapshots Of The Past/CC BY-SA 2.0.
63 Le Valais à Montreux, années 1910 ou 1920© unattributed/Wikimedia Commons/public domain.
72 Baths along the Arno river in Pisa, Tuscany, Italy©G. Cerri/Wikimedia Commons/public domain.
72 Firenze -Palazzo Pitti© unattributed/public domain.
73 Leaning Tower in Pisa, Italy; from the series of stereo photos of different places in Florence and Pisa©Zygmunt Szczotkowski/CC BY-SA 3.0.

81 Chemins de fer Paris-Lyon-Méditerranée. Rome, par la voie du Mont-Cenis. Travel poster by Géo Dorival showing the Roman Forum at dawn, print by Affiches Photographiques Robaudy, Cannes, ca. 1920©…trialsanderrors/CC BY 2.0.

83 Color aerial view of St. Peter's and the Piazza di S. Pietro at the Vatican.©Keystone View Company/public domain.

89 Antonio Canova: Pauline Borghese©Author Unknown, uploader was Katanga at de.wikipedia/public domain.

96 Postcard of Ljubljana, Tivoli fountain©Vekoslav Kramarič/Wikimedia Commons/public domain

99 Foto della Stazione Termini a Roma. Immagine pubblicata più di venti anni fa.©Wikimedia Commons/public domain.

105 Frank Henri Jullien (1882-1938), L'hôtel de Russie et le pont du Mont-Blanc, 31 mai 1923, négatif noir et blanc sur verre au gélatino-bromure d'argent, 18 x 24 cm, inv. VG N 18 x 24 4127©Frank Henri Jullien/Wikimedia Commons/public domain.

108 Ad Astra Aero S.A. : Dorner Merkur (CH 142)© unattributed/Wikimedia Commons/public domain

115 Stereo photos of different places in Milan: cathedral©Zygmunt Szczotkowski/ccbysa/CC BY-SA 3.0

128 Hawley C. White (1850-19..) - "The bridge of Sighs, Venice". Stereo card. ©1901 - Catalogue # 1785/Wikimedia Commons/public domain.

141 Berlin.- Hotel Adlon und die Akademie der Künste auf der Straße Unter den Linden am Pariser Platz©Aktuelle-Bilder-Centrale, Georg Pahl (Bild 102)/CC BY-SA 3.0 DE

145 Bon Marche©George Eastman House/Wikimedia Commons/public domain.

145 Un coin, Rue de Seine. Tirage entre 1924 et 1926 d'après négatif de 1924©Eugène Atget/Wikimedia Commons/public domain.

153 Tottenham Court Road at the junction with Oxford Street. The building on the left was demolished in 1928 to make way for the Dominion Theatre.© unattributed/Wikimedia Commons/public domain.

157 The Crystal Palace in 1910, London©unattributed/Wikimedia Commons/public domain.

169 London Underground map from 1926© unattributed/Wikimedia Commons/public domain.

193 Paris - Carte postale avant 1936 - Le Moulin rouge© unattributed/Wikimedia Commons/public domain.

195 "Mistinguett Moulin Rouge". Farblithografie, dat. 1926, 125 x 85 cm©Charles Gesmar (1900–1928) /Wikimedia Commons/public domain.

219 Lü Bicheng in London© unattributed/Wikimedia Commons/public domain.

國家圖書館出版品預行編目(CIP)資料

歐美漫遊錄：九十年前民初才女的背包旅行記 / 呂碧城著. -- 初版. --
台北市：網路與書出版：大塊文化發行, 2013.10
224面； 公分. -- (Spot ; 5)
ISBN 978-986-6841-47-7(平裝)

1.旅遊文學 2.世界地理

719 102018290

"GEOGRAPHIA"
Pictorial
PLAN OF
LONDON
BY
ALEXANDER GROSS
PUBLISHED BY THE
"LA LIBRAIRIE FRANÇAISE,"
16 & 18, WARDOUR STREET, LONDON.
KINGS CROSS
ST PANCRAS
EUSTON
AGRICULTURAL HALL
PENTONVILLE ROAD
CITY ROAD
OLD STREET
CLERKENWELL ROAD
HIGH HOLBORN
HOLBORN
NEW OXFORD STR.
BRITISH MUSEUM
TOTTENHAM COURT ROAD
REGENT STREET
SHAFTESBURY
PICCADILLY
PALL MALL
THE MALL
ST JAMES'S PARK
BIRD CAGE WALK
STRAND
FLEET STR.
ST PAULS CATHEDRAL
CHEAPSIDE
QUEEN VICTORIA STR.
CANNON STR.
MANSION HOUSE
BANK
BROAD STREET
LIVERPOOL STREET
FENCHURCH STREET
THE TOWER
TOWER HILL
ROYAL MINT
LONDON DOCKS
COMMERCIAL ROAD
WHITECHAPEL ROAD
BETHNAL GREEN ROAD
THE TEMPLE
WATERLOO
COUNTY HALL
WESTMINSTER ABBEY
HOUSES OF PARLIAMENT
LAMBETH PALACE
VICTORIA STREET
VICTORIA
HORSEFERRY ROAD
TATE GALLERY
LONDON BRIDGE
TOOLEY
BOROUGH HIGH STREET
GREAT DOVER STREET
NEW KENT ROAD
OLD KENT ROAD
SOUTHWARK PARK ROAD
KENNINGTON PARK ROAD
KENNINGTON ROAD
CAMBERWELL NEW ROAD
CAMBERWELL ROAD
BRIXTON ROAD
CLAPHAM ROAD
WANDSWORTH ROAD
STOCKWELL
MYATT'S PARK
VAUXHALL PARK
NINE ELMS LANE
COPYRIGHT
THEATRES
MUSIC HALLS
THEATRELAND
UNDERGROUND STATIONS
OXFORD STREET
NEW OXFORD STREET
CHARING CROSS
SHAFTESBURY AVENUE
PICCADILLY
HAYMARKET
PALL MALL
STRAND
RIVER THAMES
VICTORIA EMBANKMENT
Adelphi
Aldwych
Alhambra
Apollo
Coliseum
Comedy
Covent Garden
Criterion
Daly's
Drury Lane
Duke of York's
Empire
Gaiety
Garrick
Globe
Haymarket
Hippodrome
His Majesty's
Holborn Empire
Kingsway
Little
London Opera
Lyceum
Lyric
Middlesex
New
Oxford
Palace
Palladium
Pavilion
Playhouse
Prince of Wales'
Prince's
Queen's
Rehearsal
Royalty
Savoy
Shaftesbury
Tivoli
Vaudeville
Whitney
Wyndham's

Poche
DE
NDRES
XIÈME PARTIE.
PLAN
RIENTATION DE
ONDRES
OF INTEREST
B
C
PRIMROSE HILL
ZOOLOGICAL GARDENS
QUEENS PARK
HIGH ROAD KILBURN
MAIDA VALE
Paddington Recreation Ground
LORDS CRICKET GROUND
ALBERT ROAD
PARK ROAD
HARROW ROAD
EDGWARE ROAD
MARYLEBONE
MARYLEBONE ROAD
WORMWOOD SCRUBS
Little Wormwood Scrubs
Cricket Ground
Rifle Range
WOOD LANE
EXHIBITION
LADBROKE GROVE
WESTBOURNE GROVE
BISHOPS ROAD
PADDINGTON
PRAED ST
BAYSWATER
BAYSWATER ROAD
NOTTING HILL HIGH STR.
HOLLAND PARK AVENUE
UXBRIDGE ROAD
KENSINGTON GARDENS
HYDE PARK
Serpentine
KENSINGTON PALACE
ALBERT MEMORIAL
KENSINGTON HIGH ST.
KENSINGTON GORE
KENSINGTON ROAD
ROYAL ALBERT HALL
IMPERIAL INSTITUTE
THE ORATORY
EXHIBITION ROAD
QUEENS GATE
NATURAL HISTORY MUSEUM
VICTORIA & ALBERT MUSEUM
BROMPTON ROAD
SLOANE STREET
HOLLAND PARK
ADDISON ROAD
GOLDHAWK ROAD
SHEPHERDS BUSH
OLYMPIA
HAMMERSMITH ROAD
CROMWELL ROAD
EARLS COURT ROAD
KING STREET
BROADWAY
FULHAM PALACE ROAD
HAMMERSMITH CEMETERY
EARLS COURT EXHIBITION
QUEENS CLUB
OLD BROMPTON ROAD
FULHAM ROAD
LILLIE ROAD
KINGS ROAD
BATTERSEA PARK
ALBERT BRIDGE
BATTERSEA BRIDGE
Eel Brook Common
NEW KINGS ROAD
WANDSWORTH BRIDGE
SOUTH PARK
YORK ROAD
BATTERSEA
CLUBLAND
PICCADILLY
PALL MALL
THE MALL
GREEN PARK
UNDER